名家散文典藏

彩插版

琦 君 散 文

琦君 著

长江出版传媒 | 长江文艺出版社

图书在版编目（ＣＩＰ）数据

琦君散文 / 琦君著. -- 武汉：长江文艺出版社，
2017.12
（名家散文典藏：彩插版）
ISBN 978-7-5354-9943-1

Ⅰ．①琦… Ⅱ．①琦… Ⅲ．①散文集－中国－当代
Ⅳ．①I267

中国版本图书馆 CIP 数据核字(2017)第 191591 号

责任编辑：张远林　　　　　　　　　责任校对：陈　琪
封面设计：龙　梅　　　　　　　　　责任印制：邱　莉　　王光兴

出版：长江出版传媒｜长江文艺出版社
地址：武汉市雄楚大街 268 号　　　邮编：430070
发行：长江文艺出版社
电话：027—87679360
http://www.cjlap.com
印刷：中印南方印刷有限公司

开本：640 毫米×970 毫米　　1/16　　印张：15.75　　插页：6 页
版次：2017 年 12 月第 1 版　　　2017 年 12 月第 1 次印刷
字数：165 千字

定价：29.80 元

目 录

感恩的心

琦君散文

永恒乡愁

春　酒

农村时代的新年是非常长的，过了元宵灯节，年景尚未完全落幕，还有个家家邀饮春酒的节目，再度引起高潮。在我的感觉里，其气氛之热闹，有时还超过初一至初五的五天新年呢。原因是：新年时，注重在迎神拜佛，小孩子们玩儿不许在大厅上、厨房里，撞来撞去，生怕碰碎碗盏。尤其我是女孩子，蒸糕时，脚都不许搁在灶孔边，吃东西不许随便抓，因为许多都是要先供佛与祖先的。说话尤其要小心，要多讨吉利，因此觉得很受拘束。过了元宵，大人们觉得我们都乖乖的，没闯什么祸，佛堂与神位前的供品换下来的堆得满满一大缸，都分给我们撒开地吃了。尤其是家家户户，轮流地邀喝春酒，我是母亲的代表，总是一马当先，不请自到，肚子吃得鼓鼓的，手里还捧一大包回家。

可是说实在的，我家吃的东西多，连北平寄回来的金丝蜜枣、巧克力糖都吃过，对于花生、桂圆、松糖等等，已经不稀罕了。那么我最喜欢的是什么呢？乃是母亲在冬至那天就泡的八宝酒，到了喝春酒时，就开出来请大家尝尝，"补气、健脾、明目的哟！"母亲总是得意地说。她又转向我说："但是你呀，就只能舔一指甲缝，小孩子喝多了会流鼻血，太补了。"其实我没等她说完，早已偷偷把手指头伸在杯子里好几回，已经不知舔了多少个指甲缝的八宝酒了。

八宝酒，顾名思义是八样东西泡的酒，那就是黑枣（不知是

南枣还是北枣）、荔枝、桂圆、杏仁、陈皮、枸杞子、薏仁米，再加两粒橄榄。要泡一个月，打开来，酒香加药香，恨不得一口气喝它三大杯。母亲给我在小酒杯底里只倒一点点，我端着、闻着，走来走去，有一次一不小心，跨门槛时跌了一跤，杯子捏在手里，酒却全洒在衣襟上了。抱着小花猫时，它直舔，舔完了就呼呼地睡觉，原来我的小花猫也是个酒仙呢！

我喝完春酒回来，母亲总要闻闻我的嘴巴，问我喝了几杯酒，我总是说："只喝一杯，因为里面没有八宝，不甜甜呀。"母亲听了很高兴，自己请邻居来吃春酒，一定每人给他们斟一杯八宝酒。我呢，就在每个人怀里靠一下，用筷子点一下酒，舔一舔，才过瘾。

春酒以外，我家还有一项特别节目，就是喝会酒。凡是村子里有人需钱急用，要起个会，凑齐十二个人。正月里，会首总要请那十一位喝春酒表示酬谢，地点一定借我家的大花厅。酒席是从城里叫来的，和乡下所谓的八盘五、八盘八不同（就是八个冷盘，当中五道或八道大碗的热菜），城里酒席称之为"十二碟"（大概是四冷盘、四热炒、四大碗煨炖大菜），是最最讲究的酒席了。所以乡下人如果对人表示感谢的口头话，就是说"我请你吃十二碟"。因此，我每年正月里喝完左邻右舍的春酒，就眼巴巴地盼着大花厅里那桌十二碟的大酒席了。

母亲是从不上会的，但总是很乐意把花厅供给大家请客，可以添点新春喜气。花匠阿标叔也巴结地把煤气灯玻璃罩擦得亮晶晶的，呼呼呼的点燃了，挂在花厅正中，让大家吃酒时发拳吆喝，格外兴高采烈。我呢，一定有份坐在会首旁边，得吃得喝。这时，母亲就会捧一瓶她自己泡的八宝酒给大家尝尝助兴。

席散时，会首给每个人分一条印花手帕，母亲和我也各有一条，我就等于有了两条，开心得要命。大家喝了甜美的八宝酒，都问母亲里面泡的是什么宝贝，母亲得意地说了一遍又一遍，高兴得两颊红红的，跟喝过酒似的。其实母亲是滴酒不沾唇的。

不仅是酒，母亲终年勤勤快快地，做这做那，做出新鲜别致的东西，总是分给别人吃，自己都很少吃的。人家问她每种材料要放多少，她总是笑眯眯地说："差不多就是了，我也没有一定分量的。"但她还是一样一样仔细地告诉别人。可见她做什么事，都有个尺度在心中的。她常常说："鞋差分、衣差寸、分分寸寸要留神。"

今年，我也如法炮制，泡了八宝酒，用以供祖后，倒一杯给儿子，告诉他是"分岁酒"，喝下去又长大一岁了。他挑剔地说："你用的是美国货的葡萄酒，不是你小时候家乡自己酿的酒呀。"

一句话提醒了我，究竟不是道地家乡味啊。可是叫我到哪儿去找真正的家醅呢？

粽子里的乡愁

异乡客地，愈是没有年节的气氛，愈是怀念旧时代的年节情景。

端阳是个大节，也是母亲大忙特忙、大显身手的好时光。想起她灵活的双手，裹着四角玲珑的粽子，就好像马上闻到那股子粽香了。

母亲包的粽子，种类很多。莲子红枣粽只包少许几个，是专为供佛的素粽。荤的豆沙粽、猪肉粽、火腿粽可以供祖先，供过以后称之为"子孙粽"。吃了将会保佑后代儿孙绵延。包得最多的是红豆粽、白米粽和灰汤粽。一家人享受以外，还要布施乞丐。母亲总是为乞丐大量准备一些，美其名曰"富贵粽"。

我最最喜欢吃的是灰汤粽。是用早稻草烧成灰，铺在白布上，拿开水一冲，滴下的热汤呈深褐色，内含大量的碱。把包好的白米粽浸泡灰汤中一段时间（大约一夜晚吧），提出来煮熟，就是浅咖啡色带碱味的灰汤粽。那股子特别的清香，是其他粽子所不及的。我一口气可以吃两个，因为灰汤粽不但不碍胃，反而有帮助消化之功。过节时若吃得过饱，母亲就用灰汤粽焙成灰，叫我用开水送服，胃就舒服了。完全是自然食物的自然治疗法。母亲常说我是从灰汤粽里长大的。几十年来，一想起灰汤粽的香味，就神往童年与故乡的快乐时光。但在今天到哪里去找早稻草烧出灰来冲灰汤呢？

端午节那天，乞丐一早就来讨粽子。真个是门庭若市。我帮着长工阿荣提着富贵粽，一个个分。忙得不亦乐乎。乞丐常高声地喊："太太，高升点（意谓多给点）。明里去了暗里来，积福积德，保佑你大富大贵啊！"母亲总是从厨房里出来，连声说："大家有福，大家有福。"

乞丐去后，我问母亲："他们讨饭吃，有什么福呢？"母亲正色道："不要这样讲。谁能保证一生一世享福？谁又能保证下一世有福还是没福。福是要靠自己修的。时时刻刻要存好心，要惜福最要紧。他们做乞丐的，并不是一个个都是好吃懒做的，有的是一时做错了事，败了家业。有的是上一代没积福，害了他们。你看那些孩子，跟着爹娘日晒夜露的讨饭，他们做错了什么，有什么罪过呢？"

母亲的话，在我心头重重地敲了一下。因而每回看到乞丐们背上背的婴儿，小脑袋晃来晃去，在太阳里晒着，雨里淋着，心里就有说不出的难过。当我把粽子递给小乞丐时，他们伸出黑漆漆的双手接过去，嘴里说着："谢谢你啊！"眼睛睁得大大的，看我一身的新衣服。他们有许多都和我差不多年纪，差不多高矮。我就会想，他们为什么当乞丐，我为什么住这样的大房子，有好东西吃，有书读？想想妈妈说的，谁能保证一生一世享福？心里就害怕起来。

有一回，一个小女孩悄声对我说："再给我一个粽子吧。我阿婆有病走不动，我带回去给她吃。"我连忙给她一个大大的灰汤粽。她又说："灰汤粽是咬食的（帮助消化），我们没有什么肉吃呀。"我听了很难过，就去厨房里拿一个肉粽给她，她没有等我，已经走得很远了。我追上去把粽子给她。我说："你有阿婆，我没有阿婆了。"她看了我半晌说："我也没有阿婆，是我后娘叫我这

么说的。"我吃惊地问:"你后娘?"她说:"是啊!她常常打我,用手指甲掐我,你看我手上脚上都有紫印。"听了她的话,我眼泪马上流出来了,我再也不嫌她脏,拉着她的手说:"你不要讨饭了,我求妈妈收留你,你帮我们做事,我们一同玩,我教你认字。"她静静地看着我,摇摇头说:"我没这个福分。"

她甩开我的手,很快地跑了。

我回来呆呆地想了好久,告诉母亲,母亲也呆呆地想了好久。叹口气说:"我也不知道要怎样做才周全,世上苦命的人太多了。"

日月飞逝,那个讨粽子的小女孩,她一脸悲苦的神情,她一双吃惊的眼睛,和她坚决地快跑而逝的背影,时常浮现我心头,她小小年纪,是真的认命,还是更喜欢过乞讨的流浪生活?如果她仍在人间的话,也已是年逾七旬的老妪了。人世茫茫,她究竟活得怎样,在哪里活呢?

每年端午节来临时,我很少吃粽子,更无从吃到清香的灰汤粽。母亲细嫩的手艺和琐琐屑屑的事,都只能在不尽的怀念中追寻了。

灯景旧情怀

　　春节已近尾声，而几天来，清晨与傍晚，左右前后噼噼啪啪的鞭炮声，仍然此起彼落的，不绝于耳。新年的气氛还是这般浓厚。我望着长桌上一对红蜡烛。那是"分岁烛"，也是"风水烛"，大除夕祭祖时得点过两个钟头。按当年母亲的规矩，五天新年中每晚都得点燃一下。点过正月初五，才谨慎小心地用金纸包了收在抽屉里，十五元宵节再取出来点，嘴里还念念有词地说："风水烛，风水足哪！"可是如今年兴已淡的我，竟一直忘了再点。前儿忽然停电，才又把它们点起来。红红的光影，顿时照得心头温暖生春。那么索性等点过元宵灯节再收起来吧。

　　故乡的新年，从十二月廿三送灶神开始，一直要热闹到正月十五，滚过龙灯，吃过汤团，才算落幕。这样长的年景，对我这个只想逃学，不肯背"诗云"、"子曰"的顽皮童子来说，实在是太棒太棒了。每回地方上举行什么大典，或是左邻右舍办喜事，我就会蹦得半天高地喊："我真'爽险爽'，我'爽'得都要爆裂开来了！""爽"是我家乡话"快乐"的意思，"爽险爽"就是"快乐得不得了"啦。过新年是大典中的大典，我怎么能不"'爽'得爆裂开来"呢？

　　择日"解冬"（送冬祭祖），大部分在十二月廿七八深夜。我是女孩子，没有资格在那样的大典中拜祖宗，而且早已困得东倒西歪，抱着小猫咪趴在灶下的柴堆里睡着了。可是大年夜的"点

喜灯"工作，却是我的专利。吃完晚饭以后，阿荣伯就把山薯平均地切成一块块，把香梗也平均地折成一段段，插在上面；再打开一大包细细的红蜡烛，叫我帮忙，一根根套在香梗上，装在大竹篮里，由我拎着。他一手提灯笼，一手牵我到各处点喜灯。前后院的大树下、大门的门神脚旁边、走廊里、谷仓门前、厨房水缸边……统统都点了摆好。全个大宅院都红红亮亮、喜气洋洋起来。可惜蜡烛太小，风又太大，等我们兜一圈儿回来，有的蜡烛已经点完了。阿荣伯又打开一包来补上。这样补到东边又补到西边，我就说："好累啊！站起蹲下的，头都晕了。"阿荣伯用红灯笼照照我的脸，摇摇头说："吃了分岁酒，拿了压岁包儿，才做这么点事就累啦？不行，做什么事都要有头有尾。"

我在红红的烛光里，看见阿荣伯的鬓边有好多白发，我捧住他的手膀关心地说："阿荣伯，你也长大一岁了。"他笑笑说："我不是长大一岁，我是老了一岁。你才是长大一岁。"我说："长大有什么好？长大了就会老，老了就会长白头发。"阿荣伯连忙阻止我说："过年过节的，不要说这种话。等下子在你妈妈面前可不能这样讲。"我做出很懂事的样子说："我不会讲的。我知道妈妈也老了一岁了。"阿荣伯叹息似的说："大人总是要老的，只要小的长大，一代二代接下去就好了。"我听得心里酸酸的。回到厨房里，看见母亲正取下头上的银针剔菜油灯，剔得高高亮亮的。阿荣伯说："太太，再加三根灯芯，五子登科呀。"母亲笑眯眯地说："两根也一样好。两根是一双嘛。"我知道母亲舍不得菜油，向阿荣伯做个鬼脸，跑过去指着灯花大声地说："一双就是文武占魁二状元啊。"母亲高兴地问："你是哪儿学来的？"我得意地说："阿荣伯教我的，是'花会传'里的句子呀。"（"花会"是农村的一种赌博，包含三十二个人名，押对了人名就赢钱。）我逗得妈妈

高兴，又捧了阿荣伯，不由得又快乐起来，刚才那种愁老的心事
早已丢开了。

点喜灯的有趣节目以后，五天新年当然是没头没脑的玩乐，
然后眼巴巴盼望初七八的迎灯庙戏。我故乡瞿溪分"上下河乡"，
各有一座庙，称为上、下殿。上殿坐的是颜真卿，下殿坐的是弟
弟颜杲卿。其实他们不是兄弟，只因都是奋勇锄奸的大忠臣，就
把他们算成兄弟了。哥哥坐了上殿，觉得上河乡地理形势比下河
乡好，心里很过意不去，就说定每年正月初七先去下殿拜弟弟的
年，初八弟弟再到上殿回拜哥哥。所以乡里有句话说："瞿溪没情
理，阿哥拜阿弟。"其实他们才真是手足情深，礼让得很呢。

"迎灯"就是"迎佛"，迎着上下殿佛相互拜年，也是庆祝丰
年、歌舞升平的意思。父亲对于迎灯是非常重视的。他认为大除
夕祭拜祖先，是子孙们对先人慎终追远的孝思。典礼要隆重肃穆，
祭品要简洁精致，却不是讲究排场。迎灯是一年之首，地方全体
百姓，对神祇的佑护表示感谢，典礼不但隆重，还要愈热闹愈有
排场愈好。所以大户人家都是慷慨捐款，出钱又出力，把迎灯庙
会办得体面非凡。

初七一大早，母亲就提高嗓门喊："阿标叔，晚上的风烛都买
好了吗？百子炮（鞭炮）都齐全了吗？要越多越好啊！"母亲平
时说话低声细气，一到过年，嗓门儿就大了。尤其是那个"好"
字，尾音拉得长长的，表示样样都好。阿标叔也提高嗓门回答：
"都齐全啰，丰足得很啰！"

阿标叔是我家的老工友，是父亲部队里退下来的。他和种田
的长工身份不太一样，总是显得很有肚才的样子，常常出口成文，
说话成语很多。他告诉我"风烛"就是"丰足"的意思。他掌管
的是父亲心爱的花木，以及家中所有的煤油灯和大厅里那盏威风

八面的煤气灯。至于菜油灯和蜡烛灯，那就是阿荣伯的事了。他和阿荣伯很要好。不过他觉得阿荣伯脑筋没有他新式，文明的灯不会照顾。他每天早上戴起父亲送他的银丝边老花眼镜，镜框滑行到鼻尖子上，用软软的棉布蘸了煤油，抿起嘴唇擦玻璃灯罩，对了太阳光照了又照，要擦得晶亮才算数，神情是非常专注的。阿荣伯笑他说："你看他咬紧牙根，给煤气灯打气时的神气，好像谁走上前去都会一拳打过来似的。"阿标叔认真地说："煤气灯够不够亮，全在打气的功夫上。还有中间那个'胆'，又脆又软，除了我谁也碰不得。"

　　跟大除夕一样，初七晚上，他老早就把煤气灯点上了。呼呼呼的声音，听起来气派硬是不一样。（瞿溪全村所有大户人家，除了我们潘宅，是很少点煤气灯的。所以潘宅的煤气灯很有名，阿标叔也跟着它有名。有什么人家办喜事要多用几盏煤气灯，阿标叔就自告奋勇提了煤气灯去帮忙。）

　　阿标叔仔细地把好几尺长的风烛用硬纸在捏手的芦苇柄上包成一个斗形，免得蜡油滴下来烫到手。风烛的队伍是愈长愈好，所以家家都有壮丁参加，背大灯笼，举风烛，提火把，还有沿路的"弹红"（即一堆堆的柴火烧得旺旺的），各家的路祭，几丈长的鞭炮，丝竹悠扬，锣鼓喧天，那热烈的气氛，把新年带上了最高潮。

　　我家前门深藏在一条长长的幽径里，后门临着大路，所以迎灯队是从后门经过的。我连晚饭都没心吃，老早就站在矮墙头上等。远远看见灯笼火把像一条火蛇似的从稻田中游来，我就合掌朝着那方向拜。队伍渐渐近了，高大的开路先锋摇晃着双臂过去后，就是乐队、香案、马盗。菩萨的銮驾在最后，晴天就坐明銮，可让大家一睹风采。马盗是七匹马为一队，村里的青少年画了脸谱，穿了短打武生的装束，威风凛凛地骑在马上，左顾右盼，好不令人羡慕。马盗有时一队，有时两队，愈多表示地方上愈富足，也有点和其他村庄比赛的意思。当时有瞿溪、郭溪、云溪三个紧邻的村庄，"三条溪"的迎灯盛会比赛是有名的。

迎灯队一过去，我和小朋友们马上就赶到上殿去看戏。这时前面的三出已演过，开始上正本了。阿标叔说："内行人看正本，外行人老早坐着等。"三出也好，正本也好，我都不懂，我赶的是"'爽'得爆裂开来"的热闹。

初八是下殿佛迎到上殿来回拜，看前面三出戏。所以我又老早赶到庙里，看菩萨兄弟行见面礼。他们相对一鞠躬，相对坐在大殿上。春风满面的样子。崭新的头盔，崭新的蟒袍，金光闪闪，好不威风。我被阿荣伯扶着站在长凳上，一会儿望戏台上演的戏，一会儿望两位菩萨兄弟，脖子都摇酸了。三出戏演完，下殿佛銮驾起身告别，上殿佛送到大门口，鞭炮震天价响起。大家都说："菩萨好灵啊，百子炮蹦落在他膝盖上，蟒袍都不会烧起来。"我们一群孩子都紧紧跟在上殿佛銮驾边上。我的手偷偷地摸摸他的蟒袍，也摸摸他放在椅靠上的手，再抬头看看他的慈眉善目。想起老师曾教我临颜真卿的字，忽然觉得菩萨原来就是人变的，好像很接近似的。

下殿佛回銮以后，高潮已过，我就没心思再看戏了。阿荣伯一向最爱看有情有义、有头有尾的正本戏。如果外公已经来我家，这个时候，他就会来接我回去。他起先总喜欢在家里跟阿标叔下棋，讲《三国演义》，所以我又想回家听他们讲。

最最盛大的迎灯庙戏已经结束，只剩下十五元宵节最后一个热闹场面了。十五一过，我又得关回屋子里读书了。于是我反倒希望灯节慢点到，越慢越好。

　　灯节还是转眼就到了。长工们忙着打扫前院，准备祭品迎龙。大龙要在我们家大院子里滚。所有的孩子们都会提着各种各样的灯来看热闹。我嚷着要从城里买来的漂亮灯，跟小朋友们比一比。母亲说："家里前前后后全是灯，还不够多的？"她就是舍不得花钱买。阿标叔又戴起老花眼镜，给我糊一盏在地上慢慢爬，不像兔子也不像狗的，不知什么灯。四只脚是用洋线团木心子做的。红纸不透，哪有城里那种五光十色透明玻璃纸的灯好看呢？外公老是吹自己会糊各种各样的灯——关刀灯、轮船灯、莲花灯……可是事实上，他只会给我糊直统统的鼓子灯。他说年轻时行，现在手发抖，糊不起来了。我做出很喜欢的样子说鼓子灯最好，不小心烧个大窟窿，马上可以再用红纸补上。外公笑呵呵地说："鼓子笔直通到底，表示正直，无忧无虑。"外公对什么东西都会说出一番道理来。

　　十五晚上，前院早已摆好祭桌，几丈长的百子炮高高挑起，人潮一波一波地涌来。我把鼓子灯挂在树上，在人丛里挤来挤去找小朋友玩。可是一听锣鼓响起，鞭炮齐鸣，我又躲到大人身后面，从人缝里看大龙。大龙昂着头，瞪着一双大眼睛，张牙舞爪地来了。我有点害怕。主祭者念完一段词儿，锣鼓又响起，大龙就开始滚舞了。每个舞龙者手举一段龙身，穿花似的美妙滚舞。他们平时都是普普通通的农夫，但这时都变成了龙的一部分。那样神奇的契合，看得我目瞪口呆，心里总是在盼望着，"再多舞一下，再多舞一下"。可是还有好几处有祭典，大龙终于摇头摆尾从大门出去了。人潮也随着散去，最后的热闹高潮也告结束了。

　　我呆呆地站在地上，外公取下鼓子灯递给我，说："快回到厨房帮你妈妈搓汤团，在汤团里许个心愿。"

　　"许个什么心愿呢？"我茫茫然地问。

"你想想看。"

"我也不知道。我只想天天像过年这样的热闹，外公不要回山里去，爸爸也不要常常出远门。大家都在一起，还有阿荣伯、阿标叔都要统统在一起。"

外公笑了一下说："那容易，只要你用功把书念好。"

"这跟念书有什么关系呢？"我不大明白。

"只要是读书人，无论是男是女，长大后都会有一番事业，有了事业，你就可以接了大家相守在一起，不是天天跟过年一样的热闹吗？"

我还是想不大通。走进厨房，看母亲已经搓好一大木盘的汤团准备要下了。我在她耳边轻声地说："妈妈，代我许个心愿，随便你怎么说。"母亲笑笑，没有作声，只把菜油灯芯剔得高高亮亮的，又在碗橱抽屉里取出那对红蜡烛，就着菜油灯点着了，套在灶上的两个烛台里。"风水烛，一年到头都顺风顺水。"她喃喃地说。

吃汤团的时候，我问："妈妈，你刚才许了什么心愿呢？"母亲笑嘻嘻地说："我不用许什么心愿了。一家团团圆圆的，已经再好没有了。外公，您说是吗？"

外公摸着白胡须连连点头。

外面的鞭炮声又响起来。我擦根火柴，把长桌上的一对风水烛点燃，给屋子里添点温暖和喜气。可是家里人口简单，儿子已经远行在外。外子只顾看书报，默不作声。我总觉得有点冷清清的，索性披上大衣，出去看看街景。在街角看到好多可爱的花灯，我一口气买了四盏，一盏狗灯和一盏鱼灯送好友菱子的一对小外孙，也过过做奶奶的瘾。剩下的两盏，我把它们高高挂起。圆圆

的那盏，就想象是外公给我的鼓子灯，希望它照得我无忧无虑。另外一盏嘛，算是为早已成人、还在海外的儿子买的，默祝他客中平安快乐。但不知他在异乡异土，还记不记得幼年时，由妈妈陪着他在巷子里和小朋友们提灯的情景。

悠悠岁月，虽然逝去，也不必惆怅感怀。阿荣伯说得对，大人们总是要老去的，只要小辈长大，能一代一代接下去就好。

我没有搓汤团，也不必许什么心愿了。

水是故乡甜

此次经欧洲来美，一路上喝得最多的是矿泉水。因为其他各种五颜六色的饮料，价钱既贵又不解渴。只有矿泉水，喝起来清清淡淡中略带苦涩，倒似乎别有滋味。欧洲人都喜欢喝矿泉水，据说对健康有益。尤其是意大利的矿泉水是出名的。看他们一个个红光满面，体魄壮健，是否矿泉水之功呢？

旅馆卧房小冰箱里，也摆有矿泉水，以便旅客随时取饮，价钱就不便宜了。我灵机一动，从行囊中取出钢精杯、锡兰红茶，和一把电匙；插上电，将矿泉水倾入杯中煮开，冲一杯锡兰红茶来喝，香香热热的，可说是旅途中最悠闲舒适的享受了。

外子说矿泉水其实就是山泉，如果泡的是冻顶乌龙，那就更有味道了。我一向不懂得品茶，在旅途疲劳中，能有一杯自己现泡的热红茶，已觉如仙品般的清香隽永了。

他啜着茶，就想起故乡四川的山泉来。那种山泉，随处都有，行路之人渴了就俯身双手从溪涧中捧起来喝个足，哪里像现在文明时代，一瓶瓶装起来卖钱呢！俗语说得好，"人穷志不穷，家穷水不穷"，这话我最听得进。因为我故乡家中的水就有三种，河水、井水、山水。山水是长工每天清早去溪边一桶桶挑来，倾在大水池中备饮食之用，洗涤多用河水。母亲为了长工挑水辛苦，叫聪明灵巧的小帮工，用一根根长竹竿，连接起来，从最靠近屋子的山边，引来极细小的一缕清泉，从厨房窗外把竹竿伸入，滴

在一只小缸中。这才是涓涓滴滴的源头活水，一天接不了多少。母亲只舀来做供佛的净水，然后泡茶给父亲喝。"喝这样清的山水，又是供过佛的，保佑你长生不老。"母亲总是这么说的。那时泡的茶叶，除了家乡的明前茶、雨前茶之外，还有从杭州带回的龙井。父亲品着茶，常常说："龙井茶，一定要虎跑水来泡才香、才地道。"母亲不以为然地说："是哪里生长的人，就该喝哪里的水。要知道，水是故乡的甜哟。"母亲还说："孩子们多喝点家乡的水，底子厚了，以后出门在外，才会承受得住异乡的水土。"

事实上，母亲也是非常爱喝虎跑水泡的龙井茶的。不过她居住杭州的时日不多，平时又很少外出，我们出去游玩，她常捧个大玻璃瓶给我说："舀点虎跑水回来。"我马上接一句："供佛后喝了长命百岁。"母亲高兴地笑了。

现在想起来，虎跑水才是真正的矿泉水。那时曾做过试验，装一碗满满的水，把铜元一个个慢慢丢进去，丢到十个铜元，碗口水面涨得圆鼓鼓的，水都不会溢出来。因为它含的矿物质多，比重很大。所以喝虎跑水一定是有益健康的。

父亲旅居杭州日久，非常喜欢喝虎跑水烹龙井茶，但喝着喝着，却又念念不忘故乡的明前、雨前茶和清洌的山泉。他也思念邻县雁荡山的茶、龙湫的水，真是"人情同于怀土兮，岂穷达而异心"。父亲晚年避乱返故乡。又得饮自己屋子后山直接引来的源头活水，原该是心满意足的，但他居魏阙而思江河，倒又怀念起杭州的龙井茶与虎跑水来。实在是因为当时第二故乡的杭州，正陷于日寇之故吧。

我们这回在欧洲，一路饮着异乡异土的矿泉水。行旅匆匆，连心情都变得麻木了。到了德国的不来梅，特地去探望数十年未晤面的亲戚。他兴奋地取出最上品的龙井茶款待我们，问他是台湾产品吗？他说是真正从杭州带出来的茶叶，是一位亲人离开大陆时带给他以慰他多年乡愁的。我本来不辨茶味，但那一盏龙井的清香，却是永远难忘。我们说起欧洲人喜欢喝矿泉水，他笑笑说，台湾阿里山、日月潭、苏澳的冷泉，不就是最好的天然矿泉水吗？

　　他这话，倒使我想起，早期台湾有一种小小玻璃瓶装的"弹珠汽水"。瓶口有一粒弹珠，用力一压，弹珠落下去，汽水就喷出来。味道淡淡的，不像后来的汽水那么甜得不解渴。我因为爱"弹珠汽水"这个名称，以及开瓶时把弹珠一压的那点儿情趣，所以很喜欢买来喝，他常笑我犯幼稚病。后来时代进步了，黑松汽水和各种饮料充斥市面，哪还找得到"弹珠汽水"的影儿呢？但我脑海中总时常盘旋着弹子汽水瓶那副短短脖子的笨拙样子。尤其是早年在苏澳游玩时，喝的那一瓶。

　　台湾这许多年来，制茶技术越来越精进，无论是清茶、香片、龙井等，都是名闻遐迩。尤其是南投溪头的冻顶乌龙，更是无与伦比。旅居海外多年的侨胞，总不忘源自台湾带出来各种名茶，自饮之外，更以分馈友好。尽管用以沏茶的水不是从故乡来的，但只要是故乡的茶叶，喝起来也会有一股淡淡的甜味吧。

　　有一次我们在友人家，她细心地问我们要喝哪一种茶，香片、龙井、乌龙都有，她是什么茶都喜欢。我想了半天，却问她："你有没有矿泉水？"她大笑说："你怎么这么特别？大家都喝热茶，你要喝什么矿泉水。"我只好说因为胃酸过多，不相宜喝茶。其实我是想起了在欧洲时喝的矿泉水，多少还有点故乡山泉的味道，不知美国的矿泉水是不是差不多的。而且我也想试试自己，能不能像母亲当年说的，喝过本乡本土的水，有了深厚的底子，就能承受异国的水土了。

　　美国人爱喝各种果汁，大概是减肥或特别注意健康的人才喝矿泉水吧？但不知超级市场那样大瓶大瓶的矿泉水，究竟是人工的还是天然的。如果是天然的，却又取自何处深山溪涧呢？实在令人怀疑。

　　说实在的，即使是真正天然矿泉水，饮啜起来，在感觉上、在心情上，比起大陆故乡的水，和安居了三十多年第二故乡台湾的水，能一样的清冽甘美吗？

母亲的手艺

在母亲那个时代，农村妇女，个个都得粗工细活会一点，才配做人家儿媳妇，才会中婆婆的意，因为做婆婆的也是从儿媳妇熬出来的。

据母亲自己说，她的手艺，只有绣花还过得去，其他的，只是能拿得起做就是了。这是母亲的谦虚话，在我这个"十个手指头都并在一起"的笨拙女儿看来，母亲的粗工细活都是第一流的。她简直有一双万能手，主要是她勤恳好学。和我父亲结婚以后，因我祖母早逝，祖父疼儿媳，不让她做这做那，但她就是爱学这学那，样样事都不落人后。邻里中人无不夸她的勤劳贤慧。

可惜我童年时懵懵懂懂，从不知跟母亲学点本领。渐渐长大以后，又都在外地求学，只在寒暑时回家。"娇娇女"更是茶来伸手，饭来张口。明知母亲整天迈着小脚，忙进忙出好辛苦，却总只顾赖在床上看小说，或找朋友聊天去，何曾帮过母亲一点忙呢？

母亲逝世已将近半个世纪，如今自己也进入老眼昏花之年，想缝补点东西，粗针大麻线的，还总嫌针孔太小，穿针费眼力。想起母亲五十多岁还绣出一朵朵开在水蓝缎面上的牡丹花、海棠花，鲜艳欲滴。她为我父亲和我织的毛衣，既合身又柔软暖和。她做的糕饼，外公夸说是全世界最最好吃的。

我愈想愈后悔，为什么在少女时代不多跟母亲学一点呢？为什么那样地懒散呢？可是追悔又有什么用？老人家去世了永不再

回来，年光飞逝也永不会停留。我只有以垂老之年，琐琐碎碎地追忆一些当年看母亲做各种活儿的情景。一以寄我风木哀思，一以奉劝活力充沛的现代少女们在慈母身边享受无边幸福之余，千万要多多为母亲分劳，也多多学点日常生活中各种手艺。不只是为了会点手艺，而是在学习中，才能体会做母亲的爱惜光阴、爱惜物力与好学不倦的美德啊。

团圆饼

寄居异国，几乎年节不分。每到中秋，既无心举头望明月，也无兴趣买象征明月的月饼来应景，一心思念的却是当年母亲一双巧手做的"团圆饼"。

其实，母亲经常都做各种香喷喷的饼。到了中秋节，她就说自己手里捏的是"团圆饼"，她并不称它为"月饼"。她说月亮是高高在天上，放光明照亮世间的"月光菩萨"，怎么可以摘下来吃呢？说得外公和老长工阿荣伯都呵呵地笑了。

母亲做团圆饼时，先炒好馅儿，甜的是猪油豆沙、咸的是雪里蕻炒肉末。由阿荣伯揉好面，切成平均的一团团，她再来包。我当然少不了在边上帮倒忙，为的是想快快有得吃。但母亲总要我先拜了拜月亮菩萨，供了祖先，才准我吃。

外公爱甜食，母亲就特别为他老人家加工加料，做鸡油豆沙加枣泥馅儿的，摆在他床边由他随时可以吃。我就在外公身边跟进跟出，不用说，又油又香的枣泥饼，大半都给我吃了。

在银色的月光下，我扶着外公在庭院中散步。听他讲母亲少女时代既能干又热心照顾邻居的许多事儿，我听了一遍又一遍，总也听不厌。母亲却说："许多事儿都是你外公加油加酱编出来的，我哪有那么好？"外公又捻胡子呵呵地笑了。

母亲定定地注视着外公，低声对我说："外公一年年老了，你一年年长大以后，要去外路读书，不知还有几个中秋节能在外公

和我身边一起过呢!"

我听了心里怅怅的,抬头望外公,他笑得满脸皱纹,白胡须在月光中微微飘动。我觉得外公像一位老仙翁。就要冉冉升天而去,不由得一阵心酸,几乎掉下泪来。

外公微微颤抖的手,紧紧捏着我的小手说:"小春,祭拜过月光菩萨,你就赶紧写信到北京给你爸爸,要他快点回来,逢年过节,总要一家团圆,吃你妈妈做的团圆饼啊!"

阿荣伯兴匆匆地从街上买来一个好大的月光饼,有小圆桌那么大,阿荣伯说是专为祭月亮菩萨的。我看了快乐得直跳,把鼻子凑上去闻闻,好香呢。妈妈也高兴地说:"如今的年轻人真会变新花样,会做出这样大的团圆饼来。快摆桌子祭月光菩萨吧,我把菜都烧好了。"

祭拜过月亮,我就急着要吃那大大的月光饼。可是妈妈不让我掰开来,说一定要过了十六才能吃。

"十五月光十六圆。十五和十六都是团圆的好日子,要先吃我自己做的团圆饼。"妈妈笑眯眯地说。

妈妈的命令,连外公都得听。所以阿荣伯就把那大大的月光饼高高挂在厨房柱子上,让我只能对着它闻香味。过了十六,他才把饼切开,半个给外公放在他房间里慢慢儿吃,半个大家分来尝尝。连妈妈都夸好香好脆呢。

她想了一下,要阿荣伯再去买一个来,挂在她自己房间里。到了晚上,她搂我在怀里,对着大月光饼呆呆地看半天,拍着我轻声地说:"小春,写封信给你爸爸,告诉他我们屋子里有个大大的团圆饼,要他明年回来过中秋节,一家团圆多好?"

在摇曳的烛影中,母亲的笑靥里闪着泪光。我想念起远在北京、迟迟未归的爸爸,想起外公催我写信催他快快回家的热切神

情，也禁不住热泪盈眶，更深深体会到老师教我的古人诗句"每
逢佳节倍思亲"的意义。

蟹酱字

一提笔写字，就会想起童年时老师那张结冰的脸。当我打着哆嗦把描好的大字双手递上去时，他的拳头在桌上一搥说："看你的蟹酱字，重写。"

我眼泪一颗颗掉下来，掉在黄标纸上，把蟹酱字都浸湿了，浸化开来了。

老师为什么嫌我的字是蟹酱字呢？这就得怪母亲。母亲自己不写字，也认不得多少字，但来得会形容，竟拿蟹酱来形容我的字。

蟹酱是故乡的一种海鲜名产，把螃蟹敲成碎碎的酱，用生姜、盐、酒、胡椒等在瓶子里泡浸一个月，打开瓶盖，香中带腥，腥中带臭，再加点醋，那股鲜味，马上叫你胃口大开，饭吃三碗。

我最最喜欢吃蟹酱，总是喊："妈，我要蟹酱，蟹酱'配饭配走险'（下饭得很）。"母亲就会边笑边说："配走险、配走险，吃多了蟹酱，你的字也会像蟹酱那样难看险（难看得很）。"我一想到习字就懊恼，管它难看险不难看险呢，反正蟹酱是天下最最好吃的东西了。

母亲对我说了还不算，又去告诉老师。有一天，她端两盘刚蒸好的红豆糕来书房里，一盘供佛，一盘给老师当点心。我正好抄完作文，扬扬得意地把它放在老师桌上。母亲眯起近视眼看了半天说："这是什么字呀？像蟹酱一样，分也分不清楚。"老师大

大红包

桂花雨

笑说："一点不错，真像蟹酱，她就是这样不好好写字，作文倒作得满好的。"母亲又加了一句："我说呢，是蟹酱吃多了嘛。"说完，她就一摇一摆地走了。

老师非常夸赞母亲会形容。他说："螃蟹的样子是一个大壳，两只大钳、八只脚，四面八方撑开，到处无规则地横爬，已经够难看了。所以说'瞎子写字眼，像只八脚蟹'。活的蟹已够难看，剁成了酱还成个什么体？"他愈说我愈生气，只好回到厨房跟母亲发脾气。"都是你，笑我的字难看，老师愈加要我重写了。"母亲慢条斯理地说："重写就重写嘛，我是不会写字，我若会写字，一定练出一手龙凤字。"那是一位天才小叔夸自己的字"龙飞凤舞"，母亲又听进去了。她最最喜欢"龙凤"两字，成双作对的多好。

从那以后，老师就把"蟹酱字"挂在嘴上。高兴的时候，笑嘻嘻地叫我下回用心点写。不高兴的时候，就把桌子一拍，说："看你的蟹酱字，重写。"

我却只记得他生气时候那张冰冻的脸，因此一到习字，就四肢乏力，背都直不起来，写出来的永远是蟹酱字，也因此恨透了习字。直到如今，写的永远是一手蟹酱字。

当年明明记得老师劝谕我的话："书信是在长辈或朋友之前出现的千里面目，而字又是书信的面目，一个人，外表衣冠不整，纵然有满肚才学，也是不行的。"他还指点我临帖、看帖。《三希堂》《谆化阁》等都一一模过，可是生有钝根的我，就是一点帖意也感染不上。不像大我几岁的小叔，看什么碑帖都能融会贯通，能写出一手古意盎然的好字来。他如生于今日的环境中，真将是一位出名的书法家。可惜他自叹"因无骨相饥寒定，只合生涯冷淡休"，早早地就过世了。

我长大以后，也曾自怨字写得太丑。小叔反倒安慰我说：“不要紧，古来大文豪字写得好的也不多，唐宋八大家之一的王安石，据说他的字像斜风细雨，很难看的。”他又笑笑说，“你妈妈封你是蟹酱字，将来你若学会写文章，配上蟹酱字，倒也别有一格呢。”

进大学后，受业于恩师夏承焘门下。他一看我的习作诗词，总是微微颔首以后再连连摇头，我知道他对我是责望多于赞美，尤其是一笔字使我汗流浃背，不敢仰视。后来渐觉老师和蔼可亲，就将母亲和老师形容我的蟹酱字的故事讲给他听，他拊掌大笑说：“蟹酱字也好，只要能写出个体来，但总得下功夫练呀！字无百日工，你每天清早起来先练字，持续一个月便见进境。”

我听他话开始练字，临的是夏老师写他自己的诗词。因为我对临帖已视为畏途，总觉古人邈不可接，学自己所敬佩老师的字，至少有一份亲切感。那时我住在学校简陋的宿舍里，每天一清早被臭虫咬醒，爬起来捉完臭虫就磨墨习字。灯光既暗，浑身被臭虫咬过之处又奇痒，岂能专心习字！练了多少天，看看仍旧是一片蟹酱字。想此事有关天分，非勉强学得来的，就灰心放弃了。老师知孺子不可教，也就没再勉强我。

有一次我去拜谒老师，他不在家，我在桌上留了张条子，次日他给我来信夸我“书法进步，几出吴君上”，使我大为吃惊。因为他所指的吴君是一位才女，书法是人人夸赞的。我何能出她之上？这明明是恩师溢美鼓励的苦心，于是我又着实奋发地练了一阵子，可是五分钟热度过去又懒了下来。忽然记起行箧中带有一位父执为先父抄的全本《心经》《金刚经》，写的是黄道周体的小楷，我十分喜欢，就用心从头抄了一遍。捧给恩师看，他点头微笑说：“蟹酱中有点味道了。”

　　毕业后离开恩师，避寇深山中，恩师每回辗转寄来的信，总谆谆勉我："读书习字，不可一日间断。"而疏懒的我，未能努力以符恩师之期许，马齿徒增，悔之无及。

　　如今面对自己的蟹酱字，就会在心头浮上三张不同的面貌——慈母叫我把蟹酱字练成龙凤字的笑眯眯神情，家庭教师拍着桌子说"重写"时那一脸的冰霜，和瞿禅恩师温而厉的颔首或摇头。还有就是那位天才小叔劝勉我的话："闲来你如果会写文章，配上蟹酱字，倒也别有格。"

　　看来，我只有努力在写文章上求进步，无妨保留我的蟹酱字，也算"别具一格"吧。

百补衣与富贵被

平剧里，演乞丐的穿的衣服全是红红绿绿、东一块西一块的补丁。表示衣衫褴褛。那种戏装，叫做"百补衣"，也美其名称为"富贵衫"。戏里的乞丐，穿起"百补衣"来又做又唱，非常好看。而且所有穿百补衣的落难公子，到后来一定是高中头名状元。然后前呼后拥、吹吹打打地衣锦荣归。

小时候，母亲也给我穿"百补衣"，我穿起来可就不太高兴了。尤其是去看庙戏时，真怕旁人笑我是"潘宅女状元"。因为我不是演戏，而是穿母亲缝补过的破旧衣服，母亲也称它为"百补衣"。母亲总是说："小孩子，越穿旧衣服越积福，将来会有享不尽的荣华富贵。"

我生气地喊："将来？谁知道将来呢，眼前都没新衣服穿，还管将来？"我尽管不开心，母亲仍旧是拼凑着零头布料，给我补衣服。因为我穿得实在太费，尤其是父亲从外路寄回来的夏天衣料，母亲形容它"薄得跟猪油皮似的，辰时穿了，戌时就破。"我又喜欢在树林里钻，一下子就钩好几个破洞，不补怎么行呢？

其实照今天的眼光看来，母亲补的衣服，还真有点现代艺术的味道呢。那时，她有满满两竹篓的零头布，或零头绸子，一篓是夏天的薄料子，一篓是秋冬的厚料子，都小得跟豆腐干似的，母亲称之为"布末"，是街上惟一的裁缝师傅特地留起来给她的。她把两篓"布末"当宝贝似的，放在床下，还加几粒樟脑丸，怕老鼠来做窝。

给我补衣服，在母亲来说是牛刀小试，她的真本领是缝"富贵被"。那就是选出色泽鲜艳的漂亮零头"绸末"，别具匠心地拼成一条被面。那才真是别致好看呢。现在不就有一种专门用小块料子拼缝床罩、靠垫、桌布等等的，称为 Quilt 的手工吗？母亲可谓开风气之先了。可惜粗心的我没有学，也因为穿了太多的"百补衣"，不高兴学了。

母亲总把"布末"加以分类，质地不同，厚薄各异，她都一捆捆分别扎好。做起来取之不尽，用之不竭。她时常用彩色花布，拼一条小被子，送给亲友中的初生婴儿当满月礼，祝贺宝宝长命百岁。拼缝好一条小被子，可得好多时间呢。那时乡下年轻姑娘穿得最多的是蓝底白花或白底蓝花布衫，那是乡下土布，比较富足人家的姑娘穿旧了就换新的。母亲也会向她们要来那些旧衣服，剪成小方块或三角形，白底蓝花间隔蓝底白花，就缝成一条很好看的全新被单了。能说母亲不是艺术家吗？

我十二岁以前都跟母亲住在乡下，穿百补衣的日子最多。冬天的棉袄穿破了，母亲也补上一块，那都是粗针粗线，补上破洞就好，逢年过节时，才在外面套上一件新罩袍。罩袍往往是大朵大朵花布的，穿破了，母亲又把它拆开，有时还小心剪下花朵来，补在一色的衣服上，格外别致。

我在美国的百货商店里常看到一包包现代的小块花布，就是专供打补丁用的，牛仔裤的膝盖上故意补一块花布，就算是现代艺术了。可见古今中外，人的审美观念，可能是天生的，不然，原是老式农妇的母亲，怎么会有那样新鲜的设计头脑呢？

有一年，母亲花了好几个月，用最柔软漂亮的绸缎零头料，拼缝一条大大的被面。她先把一块块的料子放在一大张床单上，

用针固定好,拼来拼去,比来比去,觉得不合适,又拆了重拼,我真佩服她的耐心,问她是给哪个新娘当嫁妆吗?她笑笑不回答。姑婆悄悄告诉我说:"你妈妈是要缝一条又软又轻的夹被,寄到北平给你爸爸过生日的。"

哦,原来母亲如此细心地金针密缝,是把一缕相思,一腔心事,都缝进这条被子中了。古人说:"水晶帘里玻璃枕,暖香惹梦鸳鸯锦。"母亲不用彩色丝线,绣出一条鸳鸯锦被,她宁愿用千百块细细碎碎的绸缎,拼成一条她称为富贵被,伴随着她对父亲"长命百岁"的祝福,寄向千山万水的远方。那一分缠绵的情意,比古代闺中少妇的锦字回文还浓厚,又岂是我这个粗心大意的女儿所能体会得到的呢?

我离家出外念书,临行前,母亲为我收拾行李。把我常穿的一件百补衣棉袍也收进箱子里。我坚持要取出来,说被同学们看到会笑我寒伧的。母亲正色地说:"你讲给他们听,这是你从小穿到大的衣服。要时时带在身边,不是给你穿的,是给你压岁的。保佑你万事如意,长命百岁。"我听了忍不住掉下泪来。

可是在学校宿舍里,我从来不好意思把这件百补衣取出来,生怕同学取笑。直到有一次重伤风、冷得发抖,夜深取出来披上,立感浑身温暖了。可是到上海念大学时思念母亲,却再也找不到这件百补衣,不知被我丢失何处了。

这些年来,凡是缝制新衣,总请裁缝留给我一点点零头小块料子,渐渐地也累积了一大包,这次来美,都珍贵地收在箱角带来了。我明明没有母亲的好手艺,不会拼缝"富贵被",也没闲情逸致来缝现代艺术的"百补衣",只是为了纪念母亲的节俭、勤劳与细心,更有她一针针、一线线,对女儿不尽的爱。我不时抚摸着这一包零头"布末",心头也感有无限的温暖。

故乡的婚礼

我故乡风俗淳厚，生活俭朴。只有在结婚典礼上，仪式的隆重，排场的讲究，真是和过新年一般无二。无论穷家富户，平时省吃俭用，遇到嫁女儿，娶儿媳妇，那就有多少，花多少，一点也不心疼。

嫁女儿当晚的酒席，称作"请辞嫁"。是做女儿的最后一顿在娘家吃饭。所以酒菜非常丰富，而且有一道菜必定是母亲亲手做的。（事实上，乡下人家的饭菜，都是母亲做的，只是办喜事的日子，忙不过来，才请短工帮忙。）做母亲的为女儿做这道菜，一边抹眼泪，一边嘴里念念有词，说的都是"早生贵子""五世其昌"等的吉利话。最后把一对用红绿丝线扎的生花生和几粒红枣、桂圆放在盘边，祝福女儿早生贵子。做着做着，一滴滴泪珠儿都落在那碟菜里，真是咸咸甜甜。做女儿的，还没吃到嘴里，泪珠儿也滴落下来了。在那个时代，我故乡的女孩子，十六、十七岁就是出嫁的年龄，离开母亲，到一个陌生人家对一个陌生妇人喊妈妈，当然是非常伤心，也非常害怕的，所以母女二人的眼泪就流个没完。有支歌儿是这样唱的："妈妈呀，今夜和你共被单，明天和你隔重山。左条岭，右条岭，条条山岭透天顶哟。妈妈呀，娘边的女儿骨边的肉，您怎么舍得这块肉啊!"

新娘子打扮定当，被伴娘扶到喜筵的首席上。这一晚，她是贵宾，父母都得坐在两旁次席相陪。伴娘坐在新娘旁边，每上一

道菜，伴娘都得高唱："请吹打先生奏乐。新娘举筷啦！"举酒杯时也一样要喊。其实新娘心里悲悲切切，根本吃不下。快乐的是满桌的少女陪客，真是得吃得喝。尤其快乐的是伴娘，她从缎袄里取出个大口袋，把所有不带汤汤卤卤的菜全装进去，带回家可以吃好几天了。我家乡酒席最讲究的是八盘八，其次是八盘五。四周八样冷盘，四角是山楂糕、炀熟的虾或蛤子、剥开的橘子、油炸甜点心，另四样是白切肉、猪肝、鳗鱼鲞、笋片，中间八道或五道熟菜，最后一道一定是莲子红枣汤。家家如此，千篇一律，却是百吃不厌。客人们埋头吃菜，新娘子低头淌眼泪。伴娘说这叫做"多子多孙的风流泪"，是一定得流的。

辞嫁时，新娘穿的不是凤冠霞帔，而是像戏台上演貂蝉、红娘那种打扮。因为那是少女装。一嫁到夫家，脱下凤冠霞帔以后，就得穿短袄长裙的少妇装了。

新娘上花轿由弟弟妹妹或子侄扶进轿门。花轿一出大门，立刻把大门关上，要把风水关住，不要让新娘带走。妈妈再疼女儿，风水门仍旧不能不关。这真是："嫁出去的女儿，泼出去的水。"

娶儿媳妇的喜宴叫做"坐筵"。一坐起码两小时，这是为了要训练新娘子的忍耐心。花轿进了门，先在大厅里停上足足一小时，堂上高烧起红烛。然后新郎才开始理发、洗澡、换新衣。让新娘闷在花轿中苦等，也是为了要训练她的忍耐心。这段时间，孩子们都纷纷从花轿缝中伸手进去向新娘讨喜果，新娘的喜果必须准备得很丰富。给的时候，红枣、桂圆，每样起码得有一粒，否则人家就会讥讽新娘"小气鬼"。

坐筵的酒席也非常丰富，被请作"坐筵"客的一半是长辈，一半是年轻姑娘，姑娘必须长得十分标致。年龄十五六岁左右，已经定了亲，在半年内就要做新娘的最合适。我当时才十一二岁，长得明明是个塌鼻子斗鸡眼的丑小鸭，但因为是妈妈的独生女，她每次总是带我同去作"坐筵"席上的小贵宾。

我看其他姑娘们穿的最时髦的五彩闪花缎（在当年，闪花缎是一种最名贵的缎）。乌亮的辫子，扎上两寸长嵌金银丝的桃红或绿水丝线。有的两耳边盘两个髻，戴上珠翠，衣扣缀的是小电珠泡，电池放在口袋里，用手控制，一闪一闪的，看得我好羡慕。因为我的妈妈非常俭省，给我穿的是一件不发光的紫红铁机缎单旗袍，不镶不滚，那是她的嫁衣改的。改得又长又大，套在旧棉袍外面，像苍蝇套在豆壳儿里，硬邦邦稀里晃浪的，看去就是个十足的傻丫头。妈妈还说："铁机缎坚实。软扒扒的闪花缎哪比得上呢？"另外，妈妈又给我戴上一顶紫红色法兰西绒帽，是爸爸托人从北平带回来的。妈妈得意地说："刚好配上，再漂亮也没有了。"可是我没有闪光的丝带扎辫子，胸前没有珠花。我说法兰西帽子应当歪戴，妈妈说歪戴帽子不像个大家闺秀，要我把帽子端端正正顶在头上，我心里好委屈。可是无论如何，能够有资格"坐筵"，总是体面的。

在坐筵席上，新娘是不能动筷子的，说实在话，新娘刚刚到一个陌生家庭，眼泪得忍着，不能像在娘家时可以撒开的流，哪里还吃得下东西呢。陪新娘的姑娘们也不能多吃，尤其是两三个月内就要做新娘的，更得做出斯斯文文的样子，以免婆家亲友看了笑话。

拜堂当然也是一项重要节目，新郎新娘拜完天地、祖先、公婆以后，就要拜见长亲、宾客。一位位被司仪请了上去，新人双双跪拜，平辈的就是鞠躬。这个拜见礼，也足足要折腾上两小时，大厅外天井里热着柴火，愈旺愈好。鞭炮声此起彼落。礼堂上是雪亮如白昼的煤气灯。乐队不断地吹打各种喜乐。每个人脸上都

笑得跟盛开的牡丹花似的，到处喜气洋洋。

父亲从北平回来以后，给我带回一件白缎绣紫红梅花的长旗袍。我穿了去参加喜宴，每个人的眼光都向我投来，我心里好得意。直到如今，我仍不胜怀念那件软缎的梅花旗袍，但我更怀念母亲用嫁衣改的紫红铁机缎罩袍和那顶法兰西帽子。因为，那套行头，正象征我又憨又傻的童年，尤足以纪念节俭简朴的母亲。

杨　梅

六月，该是故乡早谷登场、杨梅最好的季节了。我家乡的茶山杨梅，可以媲美绍兴的萧山梅，色泽之美，更有过之。一颗颗又圆又大，红紫晶莹，像闪光的变色宝石。母亲在大筐子里选出最好的给父亲和我吃，我是恨不得连人都钻进篓子里，把烂的也带核吞下去。说起吞核儿，我是经过一番特别训练的。我有个只大我几岁的小叔叔，与我一样地贪吃杨梅。我们要从杨梅上市的第一天青的酸的，吃到下市的最后一天烂的苦的才罢休。可是他的本领比我大得多，他把杨梅搁在嘴里，只用舌头一拌就咽下喉咙了。我问他："核儿呢?"他说："吃杨梅不咽核儿还成啦! 那你吃上十斤八斤也不会饱。还有，杨梅核才是消毒的，咽下去，可以把肠胃里不清洁的东西如蜘蛛网、猪毛之类的东西一齐卷出来。所以杨梅不必洗，洗了味儿就淡了，可是要吃不洗的杨梅，就得学会咽核儿。"我听了他的话，有点半信半疑。可是为了省去洗的麻烦，借此可以多吃，也就开始学咽核儿了。叔叔说要咽就得在每次吃第一个就咽下去，以后就不困难了。可是我还是学了很久才学会。学会以后就越发地狼吞虎咽起来，吃得肚子鼓鼓的，舌头都起了跟杨梅珠子一样的小泡泡，吃饭喝茶都感到痛。我不愿告诉母亲，还是偷偷地吃。母亲看我那副猴相，笑骂我："这样吃杨梅，给你招个茶山女婿吧!"终于我吃出胃病来了。胃酸涌上来，整天不想吃饭。母亲把杨梅核儿焙成灰，叫我用开水服下去，

几次就好多了。母亲正色地告诫我说："小春，你吃东西这样任性，长大了，一个人在外没有妈照顾，病了怎么办？"我常常为母亲的多叮咛感到厌烦，无知的童子，总以为一辈子都会在母亲的爱抚下享受着幸福呢！

农历的六月初旬，是乡间家家户户"尝新"的好日子。"尝新"就是新谷已经收成了，农家得做几样好菜，谢了谷神，请大家来喝杯庆祝的喜酒，吃碗又香又甜的红米饭（新谷是红米）。酒席里最好吃的是四个大盘：一盘茄松（茄子切丝，裹了面粉、鸡蛋油炸），一盘蛤子，一盘切得方方正正的西瓜，一盘拿烧酒浸过的杨梅。这四样东西差不多家家都相同。我爱酒又爱杨梅，啜着烧酒杨梅，下以茄松，剥剥蛤子，最后吃鲜甜的西瓜解渴。还有比这更快乐的事吗？所以哪一家请吃"尝新"酒总是我做代表，父亲是懒得出门的，母亲又是这样不吃、那样不尝的，我就乐得单身赴宴，吃得前仰后合地回家，宁可吃坏了肚子，又害母亲操一场心。

我家搬到了杭州，萧山的杨梅也一样鲜甜，样儿是椭圆的，颜色是粉红或白的，看起来远不及故乡的茶山梅漂亮。我因为胃病，已经不能多吃，更不能咽核儿了。母亲仍是在篓子里选出最大最好的几颗留给父亲与我吃。星期天回家，我端了藤桌椅坐在院子里，母亲就把一碟子用盐水洗过的杨梅放在我面前，说："小春，只吃十个，晚饭后再吃十个。"我一面做着代数，一面把杨梅放在嘴里慢慢儿啜着甜汁。令人头痛的代数题，一道也做不出，十个杨梅却在万分不舍得吃的情形下吃光了。母亲笑着端起剩下的说："再吃一个，明天的代数就考个杨梅大的零分。"我也笑着，紫色的杨梅汁滴落在练习簿上。

抗战第二年，我们回到故乡，父亲病了。他患的是肺病与痔

疮，这两种病都不宜吃杨梅，可是到了杨梅成熟的季节，他还是
想吃，每次只能吃两个。有一次，父亲的朋友从远方来，送了他
一对玲珑剔透的水晶小碟子，父亲自是心爱万分。母亲把两个紫
透的杨梅放在一只水晶碟子里，另一只碟子摆上几朵茉莉花与一
枝芝兰，一清早叫我端去放在父亲的枕边。闻着芝兰的阵阵清香，
父亲把杨梅拿在手指尖上，端详半晌说："你母亲爱花，爱水果，
可是她从不戴花，也不吃水果，只默默地培养得花儿开了，果子
结了。她一生都是那么宁静淡泊！"他眼睛望着壁上母亲与我合摄
的照片，好像还有许多话想和我说，却没有说出来。

农历六月初六日，是父亲的生日。头一晚，母亲就吩咐我要
早起，在佛堂与祖宗神位前点上香烛（因为父母亲都是信佛的），
然后再扶父亲起来拜佛。可是未到天亮，父亲就气喘了，我与庶
母都陪着他，母亲仍在楼下张罗。他的气愈来愈急，我摸他的脉
搏急促而衰微，额上冒着豆大的汗珠。我知道情势不好，赶紧给
他注射平气强心针。父亲的眼睛只是望着我，又看看壁上的照片，
我懂得他的意思是要我请母亲赶紧来。我急急跑到楼下，母亲正
端了那一对水晶碟子的芝兰与杨梅跨上楼梯，我接过碟子呜咽地
说："妈，爸爸要你快上去。"可是母亲还是犹疑不决。因为父亲
卧病之初，庶母就请了瞎子算命，排起八字来说母亲的流年与父
亲有冲克，两年中必须避不见面。庶母信了瞎子的话，示意母亲
不要去看父亲。父亲呢，心中虽有千言万语要与母亲倾吐，怎奈
母亲执意以父亲的身体为重，不愿与他见面。于是父亲与母亲之
间，都是由我传递心曲。可是现在，一切都将太晚了，我拉着母
亲的手，喉头哽咽不能成声。母亲也慌了，三步两脚赶上楼来，
庶母已在旁放声大哭，父亲只以含泪的眼睛看着母亲与我，嘴唇
微微动了一下，未能启口即溘然而逝。母亲掩着嘴忍住了哭，

半晌才说："你们都不要大哭，不要扰乱他的精神，跪下来念经，最后的一刻，让他平安地起身吧！"我们都匍匐在地上，是母亲的语音似古寺钟声，使我于神志昏乱中略微清醒过来。我抬起模糊的泪眼望母亲，她于满脸的悲伤哀戚中，仍透露一股临大变而能勉强镇定的毅力。她将父亲的双手平放在胸前，给他穿上袜子，看时钟正指着九点。小几上摆着那两个水晶碟子，芝兰散布着芬芳，杨梅仍闪着紫红的光彩，此情此景愈加使我泣不可抑。六月初六，父亲的生日，谁又想到竟成他的忌辰呢！

　　四十九天的斋期中，我每天总不忘在水晶碟子里摆上几瓣鲜花与两颗杨梅，上供于父亲的灵前。而母亲呢？似乎再无心情拣选最熟最紫的杨梅了。

　　我负笈上海以后，每年夏天杨梅成熟之时，也靠近父亲生日与忌辰六月初六。上海没有好的杨梅，我也不再想吃杨梅。南望故乡，我怀念的是去世的父亲与劳累大半生白发皤然的母亲。

　　1941年初夏，我大学卒业，母亲叫小叔写信告诉我："孩子，早点回家吧！回家正赶上杨梅最好的时候。妈又得为你拣一颗颗晶莹的大杨梅了。"我感谢母亲比海更深的爱，也想起了父亲那一对心爱的水晶碟子。

　　可是那时因战事海岸线封锁，我竟迟迟未能成行。忽然一个晴天霹雳，叔叔来信说母亲旧疾突发，叫我急切回家，迟恐赶不上了。我冒着危险，取道陆路，整整廿一天才赶到家中，赶到时母亲的灵柩已停放在祠堂里了。

　　年光于哀痛中悠悠逝去，我亦已忧患备尝，儿时那种吃杨梅的任性与欢乐，此生永不会再有了。

春雪·梅花

春柳池塘明媚处
梅花霜雪更精神

　　寒冬渐远，春已归来。遥想宝岛台湾，早该是风暖花开的艳阳天了。此间前些日子已渐露春意，没想到突然来了一阵暴风雪，气温又一度降到隆冬严寒。

　　我虽畏寒，却是恋雪成痴。一听说大风雪将至，反而禁不住地高兴。守着窗儿，热切地盼望大雪降临。看天空中丝丝细雨，渐渐夹杂着小朵雪花，我就喃喃地念起家乡谚语来："雨带雪，落到明年二三月。"现在可不已经是"明年二三月"了吗？这是春天里的冬天，也是个"飘雪的春天"，多可爱啊！

　　这个冬天，纽约虽然下过几场雪，但都不算壮观。转眼已过了春分，我老是问来此多年的朋友："还会下雪吗？"他们说："会啊！去年四月里还下了场大雪呢。"所以一听有风雪的气象预报，我总是盼望着，雪会下几寸呢？能积到一尺吗？积得越厚越好。外子好生气，说我这个老顽童，真是黄鹤楼上看翻船，丝毫也不体谅他们顶着风雪开车上班的有多辛苦。

　　小干女儿有一次来信说："今年天气特别冷，阳明山、竹子山都下雪了。我和同学上山赏雪景，看见许多汽车前面堆着小雪人，一路开，小雪人一路淌着汗水，渐渐地就化光了，好可惜啊。"她

如果看到这里的大雪,一定会堆个雪人,比她自己这个小人儿大好几倍呢。

雪的可爱,是它的悄然无声,默默地累积起来。比起下雨天淅淅沥沥的情趣又是不同,是另一种宁静与安详。而那棉花糖似的一片白,格外使我怀念小时候下雪天的快乐情景,心头就有说不出的温暖。

我的故乡永嘉,虽然是温带的南方,但农历正月初七八的迎神提灯庙会,常常都逢上大雪天。冒大雪去看庙戏,是我最最开心的事。阿荣伯过新年那几天,就只顾昏天黑地地推牌九。外公却最喜欢一边看戏,一边"讲古"。"有外公带我去看戏,妈妈只管放一百二十个心。"我总是这样对母亲说的。外公套上高筒钉鞋,一手撑雨伞,一手提灯笼,叫我紧紧捏着他大棉袄的下摆,踩着他的钉鞋脚印,一步一步往前走。我只要喊:"好冷啊!"外公就说:"怎么会冷?越走越暖和的。"红灯笼的光影,晃晃荡荡地映在雪地上,真的就暖和起来了。我后面还有一大串小朋友,都喜欢跟着外公走。外公大声地喊着:"来来来,前照一,后照七。跟着我走,一定不会跌跤。"他年纪虽大,走得却一步一步稳稳健健的。他说:"要记住,在风雪中走路,不要停下来,停下来就会冻僵啊!"

我记住外公的话了。长大以后,多少次顶着风雪向前走,都挺过去了。我心里总是在想,双手紧紧捏着外公那件结实的粗布大棉袄,踩着他的大钉鞋脚印,跟着那盏映在雪地里的红灯笼一步一步向前走。

雪积得厚了,外公就用丝瓜瓢兜了雪装在瓦罐里,装满好几罐,放在阴冷的墙角。开春以后,用雪水泡茶喝是平火气的。喉头痛就拿雪水加盐漱口,马上会好。但外公说兜雪时一定要用丝瓜瓢、竹瓢或木瓢，不能用铁器。雪一定要冬雪，立春以后的雪就不行了。兜雪又是我最最喜欢做的事，尽管兜得一半天、一半地，鞋袜都湿透了，外公还是要我帮忙。"多沾点雨雪，长大了身体才壮健。"母亲还会别出心裁，叫我把树枝上、梅花梗上的雪，撮下来装在一只漂亮的玻璃缸里，每天倒一杯雪水供佛。她说："花木上的雪才净，供佛的是净水呀！"我撮雪撮得手都冻僵了，外公绝不许我烘火笼、泡热水，反捏了一把雪在我手背手心上使力地擦，擦得我直尖叫。外公说："不要叫，熬一下，一会儿手就会发烫。"真的，一会儿手就发烫了。外公真是位全科医生呢。他说天上的霜雪雨水，地上的树木花草，和人的血脉五脏都是相连的。这就叫"天地人三才合一"。人有病痛，吃了天地给你的"药"就会好。外公的医理，不就是今天讲求的"自然食物"吗？

我们到了杭州以后，因为冬天比故乡冷，下雪的日子更多，我也更开心了。杭州人说："吃了端午粽，还要冻三冻。"所以春分前后，还常常下大雪。雪积得太厚，交通受阻，学校虽不正式停课，路远的学生不能来也就不算缺课；大清早我一睁开眼，看见下雪了，就连声念："菩萨保佑，雪下大一点，下一整天，下一整夜，明天就不用上学了。"可是我家离学校实在太近，尽管下大雪，父亲还是叫包车夫送我去。我宁可自己踩着厚雪去，做出很刻苦勤学的样子。到课堂里，同学们到得零零落落。英文老师就坐在讲台上，督促我们自修，分组比赛拼生字、背书、造句，大家竞争得都冒出汗来。国文老师就讲故事、念诗给我们听。我们最喜欢的老校工光伯伯（因为他头上光光的，没有一根头发），替我们在炉子里生起熊熊的火，上面放一把铜茶壶，水咕嘟咕嘟地开。我就取出从家里偷来的咖啡茶来泡。那是一包包长方形的糖，里面有一团棕色咖啡粉，开水一冲，比今天的即溶咖啡还方

便，好香啊。可爱的光伯伯最疼我们这一班小孩，给我们拿来烤山薯，放在炉架上再一烤，大家分来吃，满教室都香喷喷的。只有下雪天才准有这样的享受。因为我们冒雪来上学，校长和训导主任都夸我们勤奋好学，所以给我们自修课里吃东西的自由，作为鼓励。

十分钟休息时间，大家到校园里堆雪人，玩雪球，东一个雪人，西一个雪人。天一放晴，太阳出来，雪人就渐渐变小，变矮了。有时还没化完，第二场雪又来了，小雪人就被新雪掩没，成了一堆堆的小山丘。有一次，我在作文里写道："一粒细细的尘土，水蒸气把它变成一朵美丽的雪花。雪花融了，水又变成蒸气升空，尘土回归尘土。这就是大自然的循环。在循环中，我们享受了美景，花木获得了生机，可是雪花总是默默无声……"自以为写得很"哲学"，老师给了我好多圈圈。

父亲有位好友刘景晨伯伯，他是个诗人，喜欢写字、画梅花，酒量又好。每回来我家，一住总是十天半月。冬天一下雪，刘伯伯就用家乡调念起一首诗来："有梅无雪不精神，有雪无诗俗了人。日暮诗成天又雪，与梅添作十分春。"我说："刘伯伯，岂止是'有梅无雪不精神'，有梅无酒也不精神呀！"刘伯伯拊掌大笑道："说得对，说得好，快快拿酒来。"他边喝酒边眯起眼睛对着庭前雪中梅树凝望，看来他就要吟诗了。父亲不是诗人，但好友来时，他也会作诗。有一首诗，刘伯伯夸他作得好，还用红朱笔在后面四句加了密密的圈呢。那四句是："老去交情笃，闲来意兴浓。倾杯共一醉，知己喜重逢。"我说："爸爸，您并没有喝酒，怎么说'共一醉'呢？"父亲笑道："诗心似醇酒，不醉也惺忪。"刘伯伯大为赞赏起来，连声说："好诗，再干一杯。"我喜欢看刘伯伯借题目喝酒的醉态，我更爱父亲随口吟来的"白话诗"。看

他们两位老友一唱一和的快乐，我这个十三四岁的小女孩，意兴
也浓起来了。

于是我磨了墨，摊开纸说："刘伯伯，您酒也喝了，诗也作
了，现在该画梅花啰。"刘伯伯说："慢着慢着，画梅以前要先写
字。"他又念起他那套说了好多遍的大道理来："梅花与书法最接
近，要学画梅必须勤练书法。梅的枝干如隶篆，于顿挫中见笔力；
梅梢与花朵似行草，于曲直中见韵致。这与身心的修养有关，中
国画最能见真性情，心灵的境界高了，画的风格也会高。"他说得
那么高深莫测。我却只知道在图画课里跟着老师的样本一笔笔地
描，连写字也是看一个字描一个字，哪里懂得什么韵致、风格呢。

刘伯伯写完一张大字、一张小楷，才开始画梅花，随画随扔
进字纸篓。我问他为何不留起来，他说："要画到真能传神的一幅
才留起来，可是太难了。画梅难，作咏梅诗也难。林和靖的'暗
香疏影'传诵千古，一来是因为他有'梅妻鹤子'的韵事，二来
是因为姜白石作了《暗香》《疏影》两首词。"我问他："那么刘
伯伯的咏梅诗呢？"他又大笑说："我的咏梅诗，最好的一首还在
肚子里哩。"父亲又随口笑吟道："雪梅已是十分春，却笑晨翁诗
未成（刘伯伯名景晨）。"刘伯伯马上接口道："高格孤芳难着墨，
无如诗酒两忘情。"刘伯伯真有点眼高手低，只好借题目喝酒了。

看他们出口成诗，我也想作了。有一天，跟父亲、刘伯伯去
孤山踏雪赏梅。看那条直通里外湖的博览会桥上，游人熙来攘往，
喧闹的声音，把静谧的放鹤亭打扰得失去了"暗香疏影"的清
趣。我也学着父亲口占打油诗一首："红板长桥接翠微，行人如织
绮罗鲜。若教逋叟灵还在，应悔梅花种水边。"不管韵押得对不
对，自以为也是七个字一句的"诗"呢。父亲连声夸我作得好。
刘伯伯却很严肃地教导我，不可一开始学作诗，就是一副随随便

便的样子，会把诗作"流"了，以后永远作不好了。吓得我再也不敢在他面前信口开河了。这是我在初中时代作的第一首"诗"，受了一顿教诲，所以一直记得。

抗战中，杭州沦于日寇。胜利复员，回到旧宅，喜见庭院中的一株绿梅，依然兀立无恙。春雪初霁，好友多慈姊与她夫婿许绍棣先生时来舍间小坐。多慈姊看见书窗外绿梅含苞待放，一时兴来，就展纸濡墨，画下了那株劫后梅花的风貌，并嘱我题词以留纪念。我勉强作了一首《临江仙》，却因字体拙劣，坚持不肯题在画上。那首词，我只比较喜欢下片的四句："相逢互诉相思，年年长伴开时。惜取娉婷标格，好春却在高枝。"

那幅梅花，虽已带到台湾，竟因住永和时被大水损坏。多慈姊曾多次欲为重画，总以每次都相聚匆匆而未果。她与绍棣先生都不幸相继作古。故人远去，墨宝无存，怎不令人哀伤痛惜呢？

现在我珍存的有一小幅先辈名家余绍宋先生的红梅，是绍棣先生代为求得的。另一幅大学老师任心叔先生的墨梅，上面题着一首诗："画梅如画松，貌同势不同。爱此岁寒骨，不受秦王封。"任老师一身傲骨，后忧愤而死。此外是一张放大的梅花摄影作品。那是郑曼青先生二十年前上玉山赏雪赏梅，特地摄下的照片。他说高山上的雪梅，风姿太美，笔墨丹青，难以传神，只好依赖照相机多多摄取它的多种风貌。承他赐赠一张，留作纪念，在台北时，我一直悬之壁间，于炎夏中可带来一点凉意，也使我感念故人厚谊。这几幅宝贵的纪念品，于客中都未带来，真觉住处有"家徒四壁"之感呢。

台湾气候，虽不易在平地多植梅花，但梅花是中华民族坚贞不移的精神象征，民心爱梅花，并不在乎到处都能赏梅。尽管是在"春柳池塘明媚处"，也能体认"梅花霜雪更精神"的意义。

　　美国是个没有经过太多苦难的年轻国家，他们爱的是春来的姹紫嫣红和日本人所赠的娇艳而短暂的樱花。所以在这里，不知何处去寻找梅花。他们也不懂得中国人爱梅的心情。

　　雪后初晴，春寒料峭，我又神驰于杭州旧宅中那株绿梅。数十年的刻骨严寒，它定当傲岸如故吧。

琦君散文

儿时味道

桂花雨

中秋节前后，就是故乡的桂花季节。一提到桂花，那股子香味就仿佛闻到了。桂花有两种，月月开的称木樨，花朵较细小，呈淡黄色，台湾好像也有，我曾在走过人家围墙外时闻到这股香味，一闻到就会引起乡愁。另一种称金桂，只有秋天才开，花朵较大，呈金黄色。我家的大宅院中，前后两大片广场，沿着围墙，种的全是金桂。唯有正屋大厅前的庭院中，种着两株木樨、两株绣球。还有父亲书房的廊檐下，是几盆茶花与木樨相间。

小时候，我对无论什么花，都不懂得欣赏。尽管父亲指指点点地告诉我，这是凌霄花，这是叮咚花，这是木碧花……我除了记些名称外，最喜欢的还是桂花。桂花树不像梅花那么有姿态，笨笨拙拙的，不开花时，只是满树茂密的叶子，开花季节也得仔细地从绿叶丛里找细花，它不与繁花斗艳。可是桂花的香气味，真是迷人。迷人的原因，是它不但可以闻，还可以吃。"吃花"在诗人看来是多么俗气，但我宁可俗，就是爱桂花。

桂花，真叫我魂牵梦萦。

故乡是近海县份，八月正是台风季节。母亲称之为"风水忌"，桂花一开放，母亲就开始担心了："可别做风水啊！（就是台风来的意思。）她担心的第一是将收成的稻谷，第二就是将收成的桂花。桂花也像桃梅李果，也有收成呢。母亲每天都要在前后院子走一遭，嘴里念着："只要不做风水，我可以收几大箩。送一

斗给胡宅老爷爷，一斗给毛宅二婶婆，他们两家糕饼做得多。"原来桂花是糕饼的香料。桂花开得最茂盛时，不说香闻十里，至少前后左右十几家邻居，没有不浸在桂花香里的。桂花成熟时，就应当"摇"，摇下来的桂花，朵朵完整、新鲜，如任它开过谢落在泥土里，尤其是被风雨吹落，那就湿漉漉的，香味差太多了。"摇桂花"对于我是件大事，所以老是盯着母亲问："妈，怎么还不摇桂花嘛？"母亲说："还早呢，没开足，摇不下来的。"可是母亲一看天空阴云密布，云脚长毛，就知道要"做风水"了，赶紧吩咐长工提前"摇桂花"，这下，我可乐了。帮着在桂花树下铺篾簟，帮着抱桂花树使劲地摇，桂花纷纷落下来，落得我们满头满身，我就喊："啊！真像下雨，好香的雨啊！"母亲洗净双手，撮一撮桂花放在水晶盘中，送到佛堂供佛。父亲点上檀香，炉烟袅袅，两种香混合在一起，佛堂就像神仙世界。于是父亲诗兴发了，即时口占一绝："细细香风淡淡烟，竞收桂子庆丰年。儿童解得摇花乐，花雨缤纷入梦甜。"诗虽不见得高明，但在我心目中，父亲确实是才高八斗，出口成诗呢。

桂花摇落以后，全家动员，拣去小枝小叶，铺开在簟子里，晒上好几天太阳，晒干了，收在铁罐子里，和在茶叶中泡茶，做桂花卤，过年时做糕饼。全年，整个村庄，都沉浸在桂花香中。

念中学时到了杭州，杭州有一处名胜满觉垄，一座小小山坞，全是桂花，花开时那才是香闻十里。我们秋季远足，一定去满觉垄赏桂花。"赏花"是借口，主要的是饱餐"桂花栗子羹"。因满觉垄除桂花以外，还有栗子。花季栗子正成熟，软软的新剥栗子，和着西湖白莲藕粉一起煮，面上撒几朵桂花，那股子雅淡清香是无论如何没有字眼形容的。即使不撒桂花也一样清香，因为栗子长在桂花丛中，本身就带有桂花香。

　　我们边走边摇，桂花飘落如雨，地上不见泥土，铺满桂花，踩在花上软绵绵的，心中有点不忍。这大概就是母亲说的"金沙铺地，西方极乐世界"吧。母亲一生辛劳，无怨无艾，就是因为她心中有一个金沙铺地、玻璃琉璃的西方极乐世界。

　　我回家时，总捧一大袋桂花回来给母亲，可是母亲常常说："杭州的桂花再香，还是比不得家乡旧宅院子里的金桂。"于是我也想起了在故乡童年时代的"摇花乐"，和那阵阵的桂花雨。

青灯有味似儿时

相信人人都爱念陆放翁的两句诗："白发无情侵老境，青灯有味似儿时。"尤其我现在客居海外，想起大陆的两个故乡，和安居了将近四十年的第三个故乡台北，都离得我那么遥远。一灯夜读之时，格外的缅怀旧事。尤不禁引发我"青灯有味"的情意。而想起儿童时代两位难忘的人物。

白姑娘

我家乡的小镇上，有一座小小的耶稣堂，一座小小的天主堂。由乡人自由地去做礼拜或望弥撒，母亲是虔诚的佛教徒，当然两处都不去。但对于天主堂的白姑娘，却有一分好感。因为她会讲一口地道的家乡土话，每回来都和母亲有说有笑，一边帮母亲剥豆子，理青菜，一边用家乡土音教母亲说英语："口"就是"牛"，"糟糕"就是"狗"，"拾得糖"就是"坐下"，母亲说："番人话也不难讲嘛！"

我一见她来，就说："妈妈，番女来了。"母亲总说："不要叫她番女，喊她白姑娘嘛。"原来白姑娘还是一声尊称呢。因她皮肤白，夏天披戴雪白一身道袍，真像仙女下凡呢。

母亲问她是哪一国人，她说是英国人。问她为什么要出家当修女，又漂洋过海到这样的小地方来，她摸着念珠说："我在圣母面前许下心愿，要把一生奉献给她，为她传播广大无边的爱，世上没有一件事比这更重要了。"我听不大懂，母亲显得很敬佩的神情，因此逢年过节，母亲总是尽量地捐献食物或金钱，供天主堂购买衣被等救济贫寒的异乡人。母亲说："不管是什么教，做慈善好事总是对的。"

阿荣伯就只信佛，他把基督教与天主教统统叫作"猪肚教"，说中国人不信洋教。尽管白姑娘对他和和气气，他总不大理她，说她是代教会骗钱的，总是叫她番女番女的，不肯喊她一声白姑娘。

但有一回，阿荣伯病了，无缘无故的发烧不退，郎中的草药服了一点没有用，茶饭都不想很多天，人愈来愈瘦。母亲没了主意，告诉白姑娘，白姑娘先给他服了几包药粉，然后去城里请来一位天主教医院的医生，给他打针吃药，病很快就好了。顽固的阿荣伯，这才说："番人真有一手，我这场病好了，就像脱掉一件破棉袄一般，好舒服。"以后他对白姑娘就客气多了。

白姑娘在我们镇上好几年，几乎家家对她都很熟。她并不勉强拉人去教堂，只耐心又和蔼地挨家拜访，还时常分给大家一点外国货的炼乳、糖果、饼干等等，所以孩子们个个喜欢她。她常教我们许多游戏，有几样魔术，我至今还记得。那就是用手帕折的小老鼠会蹦跳；折断的火柴一晃眼又变成完整的；左手心握紧铜钱，会跑到右手心来。如今每回做这些魔术哄小孩子时，就会想起白姑娘的美丽笑容，和母亲全神贯注对她欣赏的快乐神情。

尽管我们一家都不信天主教，但白姑娘的友善亲切，却给了我们母女不少快乐。但是有一天，她流着眼泪告诉我们，她要回国了，以后会有另一位白姑娘再来，但不会讲跟她一样好的家乡土话，我们心里好难过。

　　母亲送了她一条亲手绣的桌巾，我送她一个自己缝的土娃娃。她说她会永远怀念我们的。临行的前几天，母亲请她来家里吃一顿丰富的晚餐，她摸出一条珠链，挂在我颈上，说："你妈妈拜佛时用念珠念佛。我们也用念珠念经。这条念珠送你，愿天主保佑你平安。"我的眼泪流下来了。她说："不要哭，在我们心里，并没有分离。这里就是我的家乡了。有一天，我会再回来的。"

　　我哭得说不出话来。她悄悄地说："我好喜欢你。记住，要做一个好孩子，孝顺父母亲。"我忽然捏住她手问她："白姑娘，你的父母亲呢?"她笑了一下说："我从小是孤儿，没有父母亲。但我承受了更多的爱，仰望圣母，我要回报这份爱，我有着满心感激。"

　　这是她第一次对我讲这么深奥严肃的话，却使我非常感动，也牢牢记得。因此使我长大以后，对天主教的修女，总有一份好感。

　　连阿荣伯这个反对"猪肚教"的人，白姑娘的离开，也使他泪眼汪汪的，他对她说："白姑娘，你这一走，我们今生恐怕不会再见面了，不过我相信，你的天国，同我们菩萨的天堂是一样的。我们会再碰面的。"

　　固执的阿荣伯会说这样的话，白姑娘听了好高兴。她用很亲昵的声音喊了他一声："阿荣伯，天主保佑你，菩萨也保佑你。"

　　我们陪白姑娘到船埠头，目送她跨上船，一身白袍，飘飘然地去远了。

　　以后，我没有再见到这位白姑娘，但直到现在，只要跟小朋友们表演那几套魔术时，总要说一声："是白姑娘教我的。"

　　白姑娘教我的，不只是有趣的游戏，而是她临别时的几句话："要做个好孩子，好好孝顺父母……我要回报这份爱，我有着满心的感激。"

岩亲爷

我家乡土话称干爹为"亲爷",干儿子为"亲儿"。那意思是
"跟亲生父子一样的亲,不是干的。"这番深厚的情意,至今使我
念念不忘故乡那位慈眉善目,却不言不语的岩亲爷。

岩亲爷当然不姓岩,因为没有这么一个姓。但也不是正楷字
"严"字的象形或谐音姓严。有趣的是岩亲爷并不是一个人,而
是一位神仙。

这位神仙不姓严,却姓吕,就是八仙里的吕洞宾。

吕洞宾怎么会跑到我家乡的小镇住下来,做孩子们的亲爷?
那就没哪个知道了。我问母亲,母亲说:"神仙嘛,有好多个化
身,飘到哪里,就住到哪里呀。"问阿荣伯,阿荣伯说:"我们瞿
溪风水好呀,给神仙看中了。"问到外公,外公说:"瞿溪不只风
景好,瞿溪的男孩子聪明肯读书,吕洞宾伯伯读书人,就收肯读
书的男孩子做亲儿。亲儿越收越多,就索性住下来了,因此地方
上给他盖了个庙。"

这座庙是奇奇怪怪的,没有门,也没有围墙。却是依山傍水,
建筑在一块临空伸出的岩石上,就着岩石,刻了一尊道袍方巾,
像戏台上诸葛亮打扮的神像,那就是吕洞宾。神龛的后壁,全是
山岩,神龛前面是一块平坦的岩石,算是正殿。岩石伸向半空,
离地面约有三丈多高。下面有一个潭,潭水只十余尺深,却是清
澈见底。因为岩上的涓涓细流,都滴入潭中,所以潭水在秋冬时
也不会枯涸。村子里讲究点的大户人家,都到这里来挑一担潭水,
供煮饭泡茶之用。神仙赐的水是补的,孩子喝了会长生,会聪明。

庙是居高临下的，前面就是那条主流瞿溪。溪水清而浅。干旱的日子，都露出潭底的沙石来，溪上有十几块大石头稀稀疏疏搭成的"桥"，乡下人称之为"丁步"，走过丁步，就到热闹的市中心瞿溪街，岩亲爷闹中取静，坐在正殿里，就可一目了然地观赏街上熙来攘往的行人，与在丁步上跳来跳去的小孩。这里实在是个风景很奇怪的地方，若是现在，可算得是个名胜观光区呢。

庙其实非常的小，至多不过三四十坪。里面没有和尚，也没有掌管求签问卜的庙祝，因此庙里香火并不旺盛，平时很少人来，倒成了我们小孩子玩乐的好地方。我常常对母亲说："妈，我要去岩亲爷玩儿啦。""岩亲爷"变成了一个地方的名称了。母亲总是吩咐："小姑娘不许爬得太高，只在殿里玩玩就好了。"但玩久不回来，母亲又担心我会掉到殿下面的潭里去，就叫阿荣伯来找我。我和小朋友们一见阿荣伯来了，就都往殿后两边的石阶门上爬，越爬越高，一点也不听母亲的话，竟然爬到岩亲爷头顶那块岩石上去了。阿荣伯好生气，把我们统统赶下来，说吕洞宾伯伯会生气，会把我们都变成笨丫头。

我们心里想想才生气呢！因为吕洞宾伯伯只收男生当亲儿，不收女生当亲女，这是不公平的。其实这种不公平，明明是村子里人自己搞出来的。凡是哪家生的第一个宝贝男孩子都要拜神仙做亲爷。备了香烛，去庙里礼拜许愿。用红纸条写上新生孩子的乳名，上面加个岩字，贴在正殿边的岩壁上。神仙就收了他做亲儿，保佑他长命富贵。大人们叫自己的孩子，都加个岩字，岩长生、岩文源、岩振雄……听起来，有的文雅、有的威武，好不令人羡慕。

有一回，我们几个女孩子也偷偷把自己的名字上面加个岩字，写了红纸条贴在岩石上，第二天都掉了。阿荣伯笑我们女孩子没有资格，吕洞宾伯伯不收。其实是我们用的浆糊不牢，是用饭粒代替的，一干自然就掉了。

我认为自己也是"读书人"，背了不少课古文，怎么没资格拜亲爷，气不过，就在神像前诚心诚意地拜了三拜，暗暗许下心愿说："有一天我一定要跟男孩子一般地争气，做一番事业，回到家乡，给你老人家修个大庙。你可得收全村的女孩子做亲女儿哟！"

慈眉善目的神仙伯伯，只是笑眯眯不说一句话。但我相信他一定听见我的祝告，一定会成全我的愿望的。

我把求神仙的事告诉外公，外公摸摸我的头说："要想做什么事，成什么事业，都在你自己这个脑袋里。你也不用怨男女不平等。你心里敬爱岩亲爷，他就是你的亲爷了。"因此我也觉得自己是岩亲爷的女儿了。

离开故乡，到杭州念中学以后，就把这位"亲爷"给忘了。大一时，因避日寇再回故乡，才想起去岩亲爷庙巡礼一番。仰望岩亲爷石像，虽然灰土土的，却一样是满脸的慈祥，俯看潭水清澈依旧，而原来热闹街角那一分冷冷清清，顿然使我感到无限的孤单寂寞。

那时，慈爱的外公早已逝世，母亲忧郁多病，阿荣伯也已老迈龙钟。旧时游伴，有的已出嫁，有的见了我都显得很生疏的样子。我踽踽凉凉地一个人在庙的周围绕了一圈，想起童年时在神前的祝告，我不由得又在心里祈祷起来："愿世界不再有战乱残杀，愿人人安居乐业，愿人间风调雨顺。"

阿荣伯坐在殿口岩上等我，我扶着他一同踩着溪滩上的丁步回家，儿时在此跳跃的情景都在眼前。阿荣伯说："你如今读了洋学堂，哪里还会相信岩亲爷保佑我们。"我连忙说："我相信啊，

外公说过，只要心里敬爱仙师，他就永远是你的亲爷，我以后永不会忘记的。"阿荣伯叹口气说："你不会忘记岩亲爷，不会忘记家乡就好，能常常回来就好。人会老，神仙是不会老的，他会保佑你的。"

我听着听着，眼中满是泪水。

再一次离家以后，我就时常的想起岩亲爷，想起那座小小的、冷冷清清的庙宇，尤其是在颠沛流离的岁月里。我不是祈求岩亲爷对我的佑护，而是岩亲爷庙里，曾有我欢乐童年的踪影。"岩亲爷"这个亲昵的称呼，是我小时候常常喊的，也是外公、母亲和阿荣伯经常挂在嘴上念的。

我到老也不会忘记那位慈眉善目，不言不语，却纵容我爬到他头顶岩石上去的岩亲爷。

妈妈银行

小时候，常听大人们说"钱庄、钱庄"，心想钱庄就是专门装钱的一间屋子，一定是角子洋钱挤得满满的，像我家专门装谷子的谷仓一样。

有一回，一位住在城里的叔叔来乡下玩，我听他对母亲说："大嫂，你有钱该存银行，不要存钱庄。"母亲笑笑没有做声。

我问她："妈妈，钱庄和银行有什么两样？"

母亲很快地说："钱少的叫钱庄，钱多的叫银行。"

我又问："妈妈的钱为什么不存银行呢？"

她敲了下我的脑袋瓜说："我的钱都存在你的肚子里了。你不是要吃中段黄鱼和奶油饼干吗？那都要钱买的呀。"

我想想也对，就很感激地说："那么我以后的压岁钱都给妈妈买黄鱼和奶油饼干，妈妈的钱就好存银行了。"

母亲点点头说："走开走开，我忙着呢！你的压岁钱都给你买氢气球和鞭炮花光了，再等过年还早得很呢。"

于是我就把抽屉里、枕头底下所有的钱统统捧出来。有的是中间有个四方孔的铜钱，那是厨房里的五叔婆给的。旧兮兮的一点亮光没有，不值钱的，只能包在破布里当毽子踢。幸得有不少枚银角子。银角子有两种，小而薄的是小洋角子，要十二枚才换一块银洋钱。大的是大洋角子，十枚就可以换一块洋钱了。

我数来数去，越数越糊涂，就一把抓给母亲说："妈妈，存在

你那里。"母亲高兴地说:"好,我是你的银行。"我一听到银行就高兴,仿佛钱放在银行里就会像白米饭似的,胀成满满一锅。

母亲把我的钱放在针线盒的第二格,对我说:"不许动,这就是妈妈的银行,要等凑满两块银洋钱,就给你去存钱庄。"

我马上说:"我不要存钱庄,我要存银行。"

母亲说:"钱庄就在镇上,我们可以自己走去,银行在城里,我一两年也难得去一回呀。"

我想起那个城里的叔叔,就说:"那我们就请叔叔代存好吗?"

母亲想了一下,好像真有什么新主意似的,就去问五叔婆:"你有钱没有?我们一起托阿叔存城里的银行好不好?"

五叔婆瘪瘪嘴说:"我才不相信他呢!他一年到头香烟不离嘴,说不定会把我们的钱拿去买香烟抽。我不存,我宁可放在自己贴肉口袋里,最放心。"说着,她双手拍拍鼓起的粗腰,我知道她一年四季缠着的腰带里都是钱。

钱给了母亲,我得守信用不动用它。只能常常捧出针线盒,打开来摸摸数数,听听叮叮当当的声音。

有一次,乡长来捐款赈水灾,母亲从身边摸出五个银角子给他。我连忙问:"这是你的还是我的?"

母亲说:"当然是我的。对了,你也该捐一点呀!"

我起先有点舍不得,但想想赈灾是善事,"人要发挥广大的同情心",老师说的。我就跑到楼上,从针线盒里拿出一个银角子,在手心里捏着,捏得热烘烘的,才万分不舍地递给乡长。他拍拍我的头说:"好心有好报。"就收下了。

我得意地回头看看五叔婆,她横了我一眼,才慢吞吞地从腰带里挖出一个银角子。过了半天,再挖出一个,不言不语地递给乡长,乡长还没来得及说话呢,我马上抢着说:"五叔婆,您好心有好报。"她再横了我一眼。我第一次觉得五叔婆心肠也是蛮好的。

妈妈的银行给我心理上一份安全感,觉得有妈妈作保,钱一定不会丢,不会少。尤其是,原该三十个铜板换一枚银角子的,我只要积到廿七八个,就要跟妈妈换银角子了。好开心啊,钱存不存银行都没关系,何况银行是个什么样,我根本不知道。妈妈的银行——那个针线盒,才是实实在在的。

也不知什么时候,母亲真把我的钱和她自己的钱都交给城里的叔叔去存银行了。我摇摇针线盒没有叮叮当当的声音了,总有点不放心,就对母亲说:"我现在想想还是存在钱庄好,我们可以一同到镇上,自己存进去。"母亲说:"你放心,叔叔有存折给我的,有多少都记在上面,少不了的。"我也就放心了。

又不知过了多久,有一天,母亲把折子拿给我的老师看,问他:"这里面一共是多少钱?看我的心算跟总数合不合呢!"

老师看了下,奇怪地说:"大嫂,你弄错了吧,这里面的钱都已取光啦。"

"你说什么?"母亲知道老师是正正经经的人,不会跟她开玩笑的,她已经在发抖了。

"这是一本空折子,钱都一次次提光了。你是托谁存托谁取的呀!"老师一脸的茫然。

"是托阿叔的呀!只有一回回地存进去,从没取出来过,里,里面还有小春的钱呢。"

"没有了,老早没有了。你捏着的是一本空折子。"

我在一边马上大哭起来,跺着脚喊:"妈妈,我要我的钱,叔叔拐了我的钱,他好坏,他是贼。"

我越哭越伤心,母亲脸都气白了。半晌才大声喝道:"不要

哭，也不许骂人。自己好好读书，多认几个字，把算盘学好，就不会给别人欺侮了。"

她已泪流满面，我只好忍住哭，拉着她的衣角说："妈妈，你也不要哭了。我们再从头来过。这回我们就把洋钱角子统统放在针线盒里，不要存银行，也不要存钱庄，把针线盒天天放在枕头边，就放心了。"

老师叹口气说："存银行存钱庄都一样，就是要托个可靠的人。小春，你要快快长大，帮你妈妈的忙。"

我心想，我已会背九九表，妈妈会心算，但又有什么用呢，钱已经没有了呀！我常常把九九表背得七颠八倒，母亲总带笑地纠正我。从那以后我不敢背了，怕她想起被叔叔拐走的钱会心痛。

我问她为什么不向叔叔算账，她说："女人家辛辛苦苦积蓄点私房钱，有什么好声张的？我那点只是从买菜和枭谷子里省下来的。我若是跟他算账，他就会写信告诉你爸爸，算了吧，反正我也不花钱。"

我却是心中愤愤不平，山里的外公来时，母亲嘱咐我不要讲，我还是悄悄地一五一十告诉了外公。外公说："钱不花，放在针线盒里、枕头底下，跟存在银行里一样。小春，你以后还是把滚铜板、踢毽子赢来的钱统统给你妈妈，她喜欢听叮叮当当的声音，你也有新鲜黄鱼和奶油饼干吃，多好啊！"

因此，我还是最最喜欢那个可以捧在手里，摇起来叮当响的针线盒，我就叫它"妈妈银行"。

我长大以后，父亲把我带到杭州读中学。母亲有很长一段时间仍住在乡间，我就把压岁钱托人带回给她，随便她存钱庄还是仍放在"妈妈银行"里。我是希望她买点补品吃。

暑假回乡时，老师告诉我："你妈妈每回收到你的银洋钱，都要叮叮地敲一阵、凑在耳朵边听一阵，听了再敲，敲了再听，弄得五叔婆好羡慕，就怨她儿子不孝顺，没带银洋钱给她。"

我想起那个拐我们钱的城里叔叔，问母亲他后来怎样了。母亲叹口气说："他苦得很，讨了个城里的女人，两个人都抽上了大烟，连乡下的房子都卖掉了。"

我也十分感慨，一个不忠实的人，再加上恶疾，终归落得一生潦倒。

有一次他回到乡间来，母亲看他衣衫褴褛、鞋袜都前通后通了，忍不住就给他钱去买衣服。我想起当年母亲辛苦积蓄被他拐走的心痛神情，仍不免泫然。但母亲一点也不计较他对她的不诚实，反而在困难时再接济他。

好心的母亲啊！如果您是个百万富豪，真的开一家"妈妈银行"，您将会救济多少贫寒之人呢？

压岁钱

又要分压岁钱了。我把一张张崭新十元新台币装进红封套，生活水准愈来愈高，十元、五十元、一百元捏在手里都一样是轻飘飘的，哪里像我们小时候，爸爸妈妈各给一块亮晶晶沉甸甸的大银元，外公给十二枚银角子——也就是一块银元。外公说十二枚银角子比一块银元分量重，所以他总是给我银角子。银元角子一起收在肚兜里，走一步，双脚跳一下，叮叮当当直响，好开心啊！晚上睡觉的时候，母亲才把它取出来，收在一只双仙和合的绣荷包里，绣荷包装不下了，就收在母亲的珠红雕花首饰盒里。收着收着，就不记得有多少了。到来年，打开首饰盒，一块银元也没有了，母亲说替我存入银行，供我长大上外路读书。那日子还远得很，我只要母亲给我肚兜里留几块银元与角子买鞭炮就够了。

我真懊恼，来台湾竟没有保留一块银元，我已记不得十块银元叠起来有多高，五十块有多高。只记得父亲说的，他从故乡赶旱路到杭州读书，草鞋夹在胁下，口袋里就只两块银元，是曾祖父卖了半亩田给他当盘缠的。他已是同伴中最富有的一个了。可见银元对大人们来说，是多么有分量的一笔财产。对孩子们来说，也是多么神通广大的一样玩意儿呢！

外公不但在大年初一给我银角子，整个正月里，他老给。比如我替他通旱烟管，通一次就是一枚银角子，装一次烟是一个铜板。外公常常讲一些陈年故事，讲了又讲，我都听厌了，我说：
"外公，我听一遍，你得给我一个铜板。"外公连说好，于是我就
黏着他赚钱。我有个在城里念女子中学的四姑，她会用五彩毛线
钩手提袋。她给我钩了个小钱包，分两层，一层放角子，一层放
铜板。有一天，大门口叫卖桂花糕、烂脚糖（四四方方，当中圆
圆一块黑豆沙像膏药，乡下人叫它烂脚糖）的来了。我正牵着小
表弟在玩，为了表示做姐姐的慷慨，我掏出毛线钱包，取出一个
铜板，给他买了一块桂花糕。他却嚷着要吃烂脚糖，烂脚糖得两
个铜板，我有点舍不得。正犹疑着，我怕得像老虎似的二妈从大
门口进来了。我赶紧把钱包收在口袋里，牵着小表弟就走。小表
弟吃不成烂脚糖就大哭起来。二妈走过来，伸手在我口袋里拿出
钱包说："哪来的钱?"我说："是外公给的压岁钱。"她说："压
岁钱怎么会是铜板? 还有，你怎么可以自己买东西吃? 你爸爸不
是告诉你不许吗?"她把钱包塞在狐皮手笼里，转身走了。这回大
哭的是我，因为小表弟已经吓坏了。我抽抽噎噎地把详情告诉外
公和母亲。母亲抿紧了嘴唇一声不响，眼中噙着泪水。外公喷着
烟，仍旧笑嘻嘻的。我既心疼角子铜板被没收，还有一股受辱的
气愤，却不知母亲心里是什么滋味。半晌，外公敲着烟筒说："小
春，别懊恼，她拿去就拿去，你会赚。给我端碗红枣桂圆汤来，
我再给你一大枚。"我委委屈屈地说："她不该不相信我的钱是您
和妈给的。"外公说："她哪儿不相信? 她相信的，只因她自己没
有女儿，没有压岁钱好给，心里不快乐就是了。"从那以后，我总
是老远躲着二妈，不让她看见我开心的样子。我却是纳闷，她没
有女儿好给压岁钱，为什么不给我呢? 这个疑问，直到十几年后
我长大了才想通。到我不再盼望压岁钱的时候，二妈却每年笑吟
吟地给我五块银元。我不得不接下来，接下来说声："恭喜新年。"

心里却是凄凄冷冷的，一点儿新年的欢乐感觉都没有。若是她在我小时候，不没收我的毛线钱包，或是高高兴兴地拿两个铜板买一块烂脚糖给小表弟，我将会多么快乐，多么喜欢她。

　　我有一个小叔叔，吊儿郎当，却是我的好朋友。他比我大好多岁，我对他佩服得不得了。外公也夸他聪明，只是不学好。比如他喜欢吃鸭肫肝，母亲给他偏不要，背地里却去储藏室偷，一偷就是一大串，起码四五个。有时还加一只香喷喷的酱鸭，坐在后门外矮墙边，拿柴火边烤边吃。还叫我替他偷父亲的加力克香烟。叔婆疼我，大年初一，我给她磕头拜年，她从贴肉肚兜里掏出蓝布包，打开一层又一层，拿起一块银元递给我说："喏，给你买鞭炮。"母亲不准我拿叔婆的辛苦钱，可是小叔在她后面做鬼脸要我拿，我伸伸舌头收下了。叔婆一走开，小叔叔就说："我教你一套新戏法，你把一块钱给我。"我马上就给他了，他教了我一套洋火梗折断了又还原的戏法。他拿了银元，去了半天回来又对我说："再借我一块钱，我去捞赌本，赢了加倍还你。"我口袋里只放两块银元，借了他一块，只一块就不会叮叮当当地响了。我打算不借他，他说不跟我滚铜子儿玩，不陪我看庙戏了，没奈何我又借了他。第二天他回来对我摊摊手说："运气不来，以后再还你。"却从口袋里摸出个大橘子给我，说是庙里供菩萨偷来的，吃了长命百岁。我把橘子使劲扔进水沟里，又把剩下的一块银元和一些角子统统抓出来，捧到他鼻子尖前面，大声地说："你拿去赌，把它统统输光好了，就赌这一次，永远别再赌了。"他吃惊地望着我说："小春，你生我的气了。"我说："我气你，叔婆也气你，我外公和妈都要不喜欢你了，你老做坏事情。"他坐在台阶上，从泥地上捡起一片烂叶子说："我就像这片烂叶子，飘掉了，树上也看不出少了一片叶子。"我说："你为什么不做长在树上的青叶子呢?"他望了我半晌说:"好,你就再借我一块钱,我去还了赌债,从此不赌了。"他拿了我的钱,十分有决心地走了。可是一去四五天不见,直等有一天长工把他背回来,他的脖子挂在长工肩膀上荡来荡去,像一只被宰掉的鸭子,醉得一点知觉没有。叔婆见了他就哭,我也哭。我不是心痛压岁钱,而是心痛他说了话不算数。从那以后,他再对我自怨自艾、赌咒发誓,我都不信了。后来我去了杭州,寒假回家,看见他还是那副吊儿郎当的样子。彼此都长大了,距离也远了,好像没什么话好谈。他给我提来一篓红红的橘子。我问他都干些什么,他说给人打点零工,写写春联。他凄惨地笑了一笑说:"你出门读书以后,我就没处拐压岁钱了。"我听了心情黯然,却又找不出话安慰他,他又叹息地说:"我终归是一片烂叶子,谁也没法把它粘回到树上了。"

母亲的一个朋友,我喊她二干娘。她排行第二,三十岁还没结婚,所以大家背地里都喊她三十头。母亲却非常敬重她,说她孝顺、俭省、勤恳。为了风瘫的父亲,宁可让姐妹们都一个个结婚了,自己终身不嫁,当护士挣钱侍候老人。她真是好俭省,热天里老是一件淡蓝竹布单衫,冷天里老是一件藏青哔叽旗袍,头上戴一顶黑丝绒帽子,把个鼓鼓的发髻包在里面,看上去好老气。可是她长得细皮白肉的,眉毛好长好长,眼睛很亮,见了人总是笑眯眯的。我很喜欢她。她每年新年来拜年,总是给我一块银元压岁钱。可是有一年,她只给我一包用花纸包着的糖,没有马上摸出压岁钱来。我特地给她摇摇晃晃地端上一盏红枣莲子汤。她用小银匙挑了一粒莲子,放在嘴里,然后打开扁扁的黑皮包,取出手帕来抹了下嘴角,还是没有拿出压岁钱来。我靠在母亲身边,眼巴巴地望着她,对于一包糖,我是不够满足的。坐了一会,她起身告辞了。我忍不住跟母亲说:"妈,她还没给我压岁钱呢!"

母亲使劲拧了我一把，她却仍是笑嘻嘻的，好像没听见。等她走出大门，我也不由得喊了她一声："三十头，小气鬼。"

很多年后，有一个正月，她来我家，还是那件藏青哔叽旗袍，一顶灰扑扑的绒线帽子，压到长眉毛边，帽檐下露出几绺稀疏的白发。三十头已老了好多好多，她不再细皮白肉，两颊瘦削，眼睛也不那么亮了。她见了我，紧紧捏着我的手，问长问短。她告诉我老父已经去世好几年，她仍没有结婚，却领了妹妹一个孩子来养，伴伴老境。可是最近病了一大场，把为孩子积蓄的学费全病光了。说到这里，她忽然停住了，半晌又叹一口气说："可惜你母亲不在杭州。"她打开扁扁的皮包，取出手帕擦眼睛。我想起自己小时候骂她三十头小气鬼的事，不由坐到她身边，亲切地说："二干娘，你别心焦，我有点压岁钱，先给你，我再写信请妈寄钱给你。"她抬起婆婆的泪眼望着我说："你太好心了，可是我不能借你孩子的钱，我还是另外去想办法吧！"我已三步两脚上了楼，捧出我的福建漆保险箱，把全部几十块银元都取出来，用手帕包好，下楼来递给了她。她犹疑了好一阵子，却只取了一半说："这就差不多了。"她又凄然一笑说："你小时候，我都没有年年给你压岁钱，现在反而借用你的压岁钱了。你真像你妈，有一颗好心。祝福你妈和你都有好福气。"听了她的话，不知怎的，心里一阵酸楚。想起母亲常常叹自己命苦。她现在远在故乡，过着孤寂的乡居生活，我又因为学业不能去陪伴她，她能算是有福气吗？心里想念母亲，不由得紧紧捏着二干娘的手，牵着她走出大门，灰蒙蒙的天空已飘起雪来。她把帽檐压得更低，拉起旧围巾把身子裹得紧紧的，眼圈红红的望着我说："给你妈写信时，说我好想念她。"她低下头，伛偻着身子走了。雪天的长街好宽阔好冷清。雪花大朵大朵地飘落在她的黑绒帽上、旧围巾上，她一步步蹒跚地向前走去。前面的路还有多长呢？这样冷的天，她连大衣都不穿，在寒风中挣扎。她侍奉完了长辈，再抚育小辈，一生都不曾为自己打算。她好像就没有少女时代，一开始就被喊作三十头。三十、四十只是转瞬之间，她已经老了。她老了，我母亲也老了。而我这个只知道讨压岁钱的傻丫头却长大了。我摸摸口袋里剩下的银元，叮叮当当地发出柔和而凄清之音。童年的岁月，离我很远很远了。

现在，孩子向我讨压岁钱，我给他两张十元新台币，他满足地笑一笑，蹦跳着去买鞭炮了。而我呢？我但愿有一位长辈，给我一块亮晶晶沉甸甸的银元或几枚银角子，让我再听听叮当的撞击之音。

小叔写春联

我家乡的宅院非常大，从前门到后门，大约要走上十分钟。因此，一到过新年，母亲和老长工阿荣伯，带着所有的长工和小帮工阿喜，就有忙不完的工作。院子里的树木，都要修剪整齐，打扫清洁以后，在主干上围上一圈红纸。谷仓门要贴上好多纸剪的金元宝，栋梁上要贴一张红纸，写上"大吉"二字。前后大门原已是油漆好的门神，把蟒袍擦得晶亮后，在两边柱子贴上新的春联。凡是要用梯子爬上爬下的，都由灵活的阿喜做，阿荣伯叫我帮着递春联。说我会认字，提醒阿喜别把春联贴倒了，那可不比"福"字倒贴是好彩头。

春联跟年画不一样，年画有的是街上买现成的财神爷，有的是阿荣伯自己画的，人不像人，佛不像佛。春联却要请有"学问"的人写的。

父亲从北京回来以后，对于春联就很讲究了。不能老是家家相同的"天增岁月人增寿，春满乾坤福满门"。他认为不够雅致的不要，字写得不漂亮的也不要。阿荣伯从街上买来的现成春联，父亲更瞧不上眼。这时，我那位满腹经纶又写得一手好魏碑的小叔，就大大的吃香了。

小叔并没有正正经经上学，但是出口成文，背的诗句很多。他因为喜欢抽香烟，一支在手，见了父亲，喊一声大哥，拔脚就跑。可是到了春节，父亲要他把家里各处厅堂和前后大门的对联，

统统写了新的换上，他就可以大模大样地抽香烟，不必躲躲藏藏
了。母亲本来就很疼小叔，为了哄他快写，就特地给他每天买两
包大英牌香烟，让他自由自在地抽，还另外给他点心钱。

那几天，小叔就摇头晃脑地边哼边写。我呢？像个傻傻的书
童，跟在他旁边恭恭敬敬地帮他铺对联纸、磨墨。他教我磨时要
加点肥皂，写出字来厚敦敦，像雕出来的一般，有一份立体感。

小叔一声令下："纸铺平，看我写完几个字就慢慢向上拉。"
我战战兢兢地扶着纸，生怕拉得太快或太慢，害他写坏了就得换
一张纸重写，母亲可舍不得糟蹋红纸哪。

写好一张，由阿荣伯和我拿着两头平放在地上。好多张一字
儿排开，看上去就喜气洋洋。

小叔自己歪着头左看右看，越看越得意。自言自语："天下还
有比这更好的字，更好的对联吗？"

母亲也走过来眯着近视眼看半天说："要你大哥说好才真算
好哩！"

小叔说："对联都是古人现成的，字写得好最难得呀！"

我没心思看那许多对联，倒是喜欢其中的一副："遥闻爆竹知
更岁，偶见梅花觉已春。"对小叔说："爸爸一定也喜欢这一副。"

父亲从书房里出来，背着手默默地看了一遍，还没点头呢，
就指着一副生气地问："怎么写这么一副？是过年呀！"

我一看，那是"万事不如杯在手，一生几见月当头。"我对小
叔伸了伸舌头，小叔却说："那是明朝福王的名句，很有胸襟气派
的，我只把原来的'年'字改成'生'字。"

父亲没理他，拿起那副对子就撕掉了。

母亲走过来说："过年过节的，慢慢对他讲，不要生气嘛。"

阿荣伯对小叔说："从二十三夜送灶神，到正月初五这十多

天，是你比神仙还自在快活的日子，你大哥就是生气也不骂你。我劝你过了年就真正收收心，进个学堂正式念书吧！"

小叔深深吸一口烟，慢慢儿从鼻孔喷出来，一面嚼着母亲给他的花生炒米糖，用京戏里道白的调子，有板有眼地说："老伯伯言之有理，小侄儿哪敢不听。从今后寒窗苦读，一朝中了功名，定当登门拜谢老伯伯教诲之恩。"

阿荣伯大笑道："登什么门，我是你家老长工，我的门就是你家的门呀！"

我看小叔讲的虽是京戏词儿，倒是一脸的诚恳，还以为他当真从此会听父亲的话，进学堂读书呢。谁知他背过脸去就悄悄对我说："你看学校里的老师，有我的诗背得多，能像我写一手魏碑吗？"

我说："进学堂念书，跟你背诗写字不一样，学堂生毕了业，将来可以到外当差使，做官呀。"

小叔大笑道："你呀，小小年纪就满脑子的做官，真俗。"听得我好生气，真不想借压岁钱给他买香烟了。

可是没有小叔出点子带我玩，新年里还真没意思呢。于是我只好投降，照样从母亲那儿拿酒给他喝，拿花生糖给他吃。他吃喝得高兴，就在厨房里讲《三国演义》，带做带唱，一会儿诸葛亮，一会儿关公，逗得母亲和阿荣伯都乐呵呵的。我更不用说，恨不得新年永远过不完。

最奇怪的是我的口袋里的压岁钱，叮叮当当好多个银元，被小叔换来换去就只剩下几枚银角子了。

我悄悄告诉母亲，母亲说："你这个傻丫头，被小叔骗去卖掉，你帮他数钱都数不清呢！"

我说："小叔不会把我卖掉的，因为我们是好朋友啊！"

母亲摸摸我的头，又说了一声"傻丫头"。

金盒子

　　记得五岁的时候，我与长我三岁的哥哥就开始收集各色各样的香烟片了。经过长久的努力，终于把封神榜香烟片几乎全部收齐了。我们就把它收藏在一只金盒子里——这是父亲给我们的小小保管箱，外面挂着一把玲珑的小锁。小钥匙就由我与哥哥保管。每当父亲公余闲坐时，我们就要捧出金盒子，放在父亲的膝上，把香烟片一张张取出来，要父亲仔仔细细给我们讲画面上纣王比干的故事。要不是严厉的老师频频促我们上课去，我们真不舍得离开父亲的膝下呢！

　　有一次，父亲要出发打仗了。他拉了我俩的小手问道："孩子，爸爸要打仗去了。回来给你们带些什么玩意儿呢！"哥哥偏着头想了想，拍着手跳起来说："我要大兵，我要丘八老爷。"我却很不高兴地摇摇头说："我才不要，他们是要杀人的呢！"父亲摸摸我的头笑了。可是当他回来时果然带了一百名大兵来了。他们一个个都雄赳赳地，穿着军装，背着长枪。幸得他们都是烂泥做的，只有一寸长短，或立或卧，或跑或俯，煞是好玩。父亲分给我们每人五十名带领。这玩意儿多么新鲜，我们就天天临阵作战。只因过于认真了，双方的部队都互有损伤。一两个星期以后，他们都折了臂断了脚，残废得不堪再作战了，我们就把他们收容在金盒子里作长期的休养。

　　我六岁那一年，父亲退休了。他要带哥哥北上住些日子，叫

母亲先带我南归故里。这突如其来的分别，真给我们兄妹十二分的不快。我们觉得难以割舍的还有那唯一的金盒子，与那整套的封神榜香烟片。它们究竟该托付给谁呢？两人经过一天的商议，还是哥哥慷慨地说："金盒子还是交给你保管吧！我到北平以后，爸爸一定会给我买许多玩意儿的！"

金盒子被我带回故乡。在故乡寂寞的岁月里，又受着家庭教育严厉的管束，童稚的心，已渐渐感到孤独与烦躁。幸得我已经慢慢了解封神榜香烟片背后的故事说明了。我又用烂泥把那些伤兵一个个修补起来。我写信告诉哥哥说金盒子是我寂寞中唯一的良伴，他的回信充满了同情与思念。他说：明年春天回来时定给我带许多好东西，使我们的金盒子更丰富起来。

第三年的春天到了，我天天在等待哥哥的归来。可是突然一个晴天霹雳似的电报告诉我们，哥哥竟在将要动身的前一星期，患急性肾脏炎去世了。我已不记得当这噩耗传来的时候，是怎样哭昏过去的，只觉得醒来时，已躺在母亲的怀里，仰视泪痕斑斑的母亲，孩子的心，已深深经验到人事的变幻无常。我除了恸哭，更能以什么话安慰母亲呢？

金盒子已不复是寂寞中的良伴，而是逗人伤感的东西了。我纵有一千一万个美丽的金盒子，也抵不过一位亲爱的哥哥。我虽是个不满十岁的孩子，却懂得不在母亲面前提起哥哥，只自己暗中流泪。每当受了严师的责罚，或有时感到连母亲都不了解我时，我就独个儿躲在房里，闩上了门，捧出金盒子，一面搬弄里面的玩物，一面流泪，觉得满心的忧伤委屈，只有它们才真能为我分担呢！

父亲安顿了哥哥的灵柩以后，带着一颗惨痛的心归来了。我默默地靠在父亲的膝前，他颤抖的手抚着我，他早已呜咽不能成声了。

三四天后，他才取出一个小纸包说："这是你哥哥在病中，用包药粉的红纸做成的许多小信封，一直放在袋里，原预备自己带给你的。现在你拿去好好保存着吧！"我接过来打开一看，原来是十只小红纸信封，每一只里面都套有信纸，上面都用铅笔画着"松柏常青"四个空心篆字，其中一个，已写了给我的信。他写着："妹妹，我病了不能回来，你快与妈妈来吧！我真寂寞，真想念妈妈与你啊！"可怜的我，那一晚上整整哭到夜深。第二天就小心翼翼地把小信封收藏在金盒子里，这就是他留给我唯一值得纪念的宝物了。

我十九岁的时候，母亲因不堪家中的寂寞，领了一个族里的小弟弟。他是个十二分聪明的孩子，父母亲都非常爱他，给他买了许多玩具。我也把我与哥哥幼年的玩具都给了他，却始终藏着这只小金盒子，再也不舍得给他。有一次，不幸被他发现了，他就跳着叫着一定要。母亲带着责备的口吻说："这么大的人了，还与六岁的小弟弟争玩具呢！"我无可奈何，含着泪把金盒子让给小弟弟，却始终不忍将一段爱惜金盒子的心事，向母亲吐露。

金盒子在六岁的童孩手里显得多么不坚牢啊！我眼看他扭断了小锁，打碎了烂泥兵，连那几只最宝贵的小信封也几乎要遭殃了。我的心如绞着一样痛，趁着母亲不在，急忙从小弟弟手里救回来，可是金盒子已被摧毁得支离破碎了。我禁不住由心疼而愤怒，我打了他，他也骂我"小气的姐姐"，他哭了，我也哭了。

一年又一年地，弟弟已渐渐长大，他不再毁坏东西了。九岁的孩子，就那么聪明懂事，他已明白我爱惜金盒子的苦心，帮着我用美丽的花纸包扎起烂泥兵的腿，用铜丝修补起盒子上的小锁，说是为了纪念他不曾晤面过的哥哥，他一定得好好爱护这只金盒

子。我们姊弟间的感情，因而与日俱增，我也把思念哥哥的心，完全寄托于弟弟了。

弟弟十岁那年，我要离家外出，临别时，我将他的玩具都理在他的小抽屉中，自己带了这只金盒子在身边，因为金盒子对于我不仅是一种纪念，而且是骨肉情爱之所系了。

作客他乡，一连就是五年，小弟弟的来信，是我唯一的安慰。他告诉我他已经念了许多书，并且会画图画了。他又告诉我说自己的身体不好，时常咳嗽发烧，说每当病在床上时，是多么寂寞，多么盼我回家，坐在他身边给他讲香烟片上封神榜的故事。可是为了战时交通不便，又为了求学不能请假，我竟一直不曾回家看看他。

我不能不怨恨残忍的天心，在十年前夺去了我的哥哥，十年后竟又要夺去我的弟弟了。恍惚又是一场噩梦，一个电报告诉我弟弟突患肠热病，只两天就不省人事，在一个凄清的七月十五深夜，他去世了！临死时，他忽然清醒过来，问姊姊可曾回来。尝尽了人间的滋味，如今已无多少欢乐与哀愁，可是这一只金盒子，却总不能不使我黯然神伤。我不忍回想这接二连三的不幸事件，我是连眼泪也枯干了。

哥哥与弟弟就这样地离开了我，留下的这一只金盒子，给予我的惨痛是多么深！但正为它给予我如许惨痛的回忆，使我可以捧着它尽情一哭，总觉得要比什么都不留下好得多吧！

几年后，年迈的双亲，都相继去世了，这黯淡的人间，这茫茫的世路，就只丢下我踽踽独行。

如今我又打开这修补过的小锁，抚摸着里面一件件的宝物，贴补烂泥兵小脚的美丽花纸，已减退了往日的光彩，小信封上的铅笔字，也已逐渐模糊得不能辨认了。可是我痛悼哥哥与幼弟的

心，却是与日俱增。因为这些黯淡的事物，正告诉我，他们离开
我是一天比一天更远了。

玉兰酥

玉兰酥是一种入嘴便化的酥饼，听听名称都是香的。它是早年我家独一无二的点心，是母亲别出心裁，利用白玉兰花瓣，和了面粉鸡蛋，做出来的酥饼。

白玉兰并不是白兰花。白兰花是六七月盛夏时开的。花朵长长的，花苞像个橄榄核，只稍稍裂开一点尖端，就得采下来，一朵朵排在盛浅水的盘子里。上面盖一块湿纱布，等两三小时，香气散布出来，花瓣也微微张开了，然后用丝线或细铁丝穿起来。两朵一对，或四朵一排，挂在胸前，或插在鬓发边，是妇女们夏天的妆饰。但只一天工夫，花瓣就黄了，香气也转变成一种怪味。

母亲并不怎么喜欢白兰花。除了摘几朵供佛以外，都是请花匠阿标叔摘下，满篮的，提去送左邻右舍。我家花厅院墙边，有一株几丈高的白兰花。每天有冒不完的花苞，摘不尽的花。阿标叔都要架梯子爬上去摘，我在树下捧篮子接，浓烈的花香，熏得人头都昏昏然了。

母亲不喜欢白兰花，也是因为它的香太浓烈。她比较喜欢名称跟它相似、香味却非常清淡的白玉兰。白玉兰一季只开四五朵，一朵朵逐次地开，开得很慢，谢得也很慢。花朵有汤碗那么大，花瓣一片片像汤匙似的，很厚实。开放时就像由大而小的碗叠在一起。花总是藏在大片浓密的叶丛间，把清香慢慢儿散布开来。

白玉兰的开放，都在中秋前后。那时母亲每天都到院子里抬头看看、闻闻花香。只开一朵花，当然不能采下来。直等它一瓣瓣自然谢落了，母亲连忙拾起，生怕花瓣着土就烂了。因为白玉兰花瓣是可以做饼吃的。母亲把它先放在干净的篮子里，也不能用水洗，一洗香味就走了。等水分略干后，就用手指轻轻剥碎（也不能用刀切，怕有铁腥味）。剥碎后和入面粉鸡蛋中拌匀，只加少许白糖，用大匙兜了放在浅油锅里，文火半煎半烤，等两面微黄，就可以吃了，既香又软又不腻口。熟透了的玉兰花瓣，有点粉粉的，像嫩栗，而更清香。

每年的中秋节，城里朋友送来我家的月饼，种类繁多。除了面上撒芝麻的月光饼以外，还有苏式月饼、广式月饼。哪一种母亲都不爱吃。她的兴趣是切月饼，厚厚的广式月饼切开来，里面是各种不同的馅儿。母亲只看一眼，闻一下就饱了。她总是说："这种月饼，满肚子的馅儿，到底是吃皮还是吃心子呢。连供佛也不合适，因为都是荤油和的。"所以她都是拿来送左邻右舍。

"潘宅"的广式月饼，是邻居们最歆羡的。未到中秋，早已在盼待了。我呢，守在母亲边上，看她把一个个月饼切开，每个切四份，不同的馅儿配搭起来，每家一份。她把月饼用盘子放在一个四层的精致竹编盒子里，叫我提了挨家去分，让每家都尝尝不同的馅儿。但她总不忘加入一份她自己做的玉兰酥。"也要让大家尝尝我的土月饼嘛！"她得意地说。

分月饼当然是我最最讨好的差事。每家吃了月饼，都对母亲说："广式月饼、苏式月饼，就是稀奇点，哪里比得你做的玉兰酥，吃得我们的舌头都掉下来了。"听得母亲好高兴，她那一脸快慰的微笑，真好比中秋节的月光一样的明亮美丽呢。

母亲只是喜欢做，自己吃得很少。老师说她是辛勤的蜜蜂，我就念起他口传我的那两句诗："采得百花成蜜后，为谁辛苦为谁

甜?"念了一遍又一遍，像唱山歌似的。老师问我懂这意思吗？我说："当然懂呀。蜜蜂忙了一大阵，蜜却被人拿去了。"母亲听了笑笑说："你懂就好了。蜜蜂是很辛苦的。但是我宁愿你做一只勤快的蜜蜂，可千万别做讨人厌的苍蝇啊。"我咯咯地笑了。

我嘴上虽说懂，其实哪里懂呢？我若真的懂了，就不会像一只苍蝇似的，老是嗡嗡地纠缠着母亲，而不帮一点点的忙了。

如今每回想起清香的玉兰酥与母亲所做的各种美味，心头就感到阵阵辛酸。母亲，一只辛苦的蜜蜂，终年忙碌无怨无艾，她默默地奉献一生，也默默地归去了。

几十年来，我从未见过家乡那种清香的白玉兰树，也无从学做香软的玉兰酥。中秋节一年年地度过，异乡岁月，草草劳人，心头所有的，只有无限的思亲之情。

小小颜色盒

我不知道朋友们有没有一件礼物，是好友郑重其事地送给你的？东西并不一定值多少钱，但你的朋友送给你的时候，脸上那一分恳切的神情，会使你永远难忘，于是你接到那件礼物时，就会想起那个朋友，心里感到好温暖，好快乐。

我原来有一样礼物，只是普普通通的小小水彩画颜色盒，可是对我来说，那分友情是多么宝贵啊！好多好多年后，我一直随身带着。可是几十年中，我逃了很多次的难，行李都丢光了，那个颜色盒也不知去向了。但颜色盒的样子，和送我颜色盒的好朋友脸上的神情，我却永远记得。

那时我在家乡，只有七八岁，左邻右舍的小朋友很多，其中一个叫王玉的，跟我最要好。只因我必须在家里跟老师念书，她却在乡村小学念书。她佩服我会背古文、唐诗，我佩服她会唱"可怜的秋香"，会跳"葡萄仙子"的舞。我们彼此地教，彼此地学。渐渐的，两人都觉得学问很好的样子。

她长得很漂亮，只是鼻梁旁边有一粒很显明的黑痣，妈妈夸她是美人痣，她自己却不喜欢这颗痣。有一天，我为了得意自己学会了成语，就伸出指头点着她的痣说："王玉呀，王字边上有一点，名副其实的王玉，你是'白璧微瑕'。"她最最不高兴人家提她的痣，听我这么得意地拿她开玩笑，好生气啊！刷的一下转身跑了。我急得要命，在后面拼命地喊，她就是不理我了。

　　过了好几天，我特地到她学校去看她，她正在画图画。看她从书包里拿出两个颜色盒，一个新的、一个旧的。旧的里面，一块块的颜料已经用得快完了，盒背上的黑漆也掉了。我站在她边上，看她用画笔蘸着水，这个盒子里的颜色抹一下，那个盒子里的颜色抹一下，直顾自己埋头地画。

　　我轻轻地说："颜色盒好可爱啊。你有两个呀？"她忽然把旧的那个一推说："你拿去好了，这个我不要了。"听她这一说，我简直如获至宝似的，马上把湿淋淋的旧颜色盒捧在手里，连声说："谢谢你啊，王玉。"转身奔回家来。告诉妈妈，王玉送我东西，王玉已经不生我气了。我当时的快乐，不是因为得到这个颜色盒，而是知道王玉还是喜欢我，要送我东西的。

　　在感激中，我挖空心思，要亲手做一样东西送给她。我背过老师教我的《诗经》："投我以木桃，报之以琼瑶。匪报也，永以为好也。"我最喜欢"永以为好"那四个字了，我要和王玉永以为好啊。因为那时，我已知道自己将被大人带到很远很远的杭州去，以后就不容易见到王玉了。

　　我请小帮工阿喜教我用竹子削成细细的篾丝，小心翼翼地，编了一个好细巧的圆球，里面装了我最最心爱的一颗玻璃珠（我只有两颗，要割爱送她一颗）。编好以后，在一个星期天的早晨，送到她家里去。我战战兢兢地拿出篾球给她。她看了好半天，默默放进口袋里，笑了笑说："你编得好细啊，你这个粗心人。"

　　听了她的赞美，我好高兴，脸都红红的，不知说什么才好，有点不敢抬头看她，因为怕看到惹她生气的那颗痣。

　　我没有在她家待多久，就回来了。回到家才一会儿，却见王玉急匆匆地跑来了。她一把拉住我的手，把那个崭新的颜色盒放到我的手心里说："小春，这个新的给你，上次那个太旧了，是我本来就要扔掉的，怎么能给你呢?"

不知怎么的，我忽然鼻子一酸，眼泪扑簌簌地掉落下来。我实在太感动、太快乐了。因为王玉把她自己最最喜欢的东西给了我，我是多么地爱她啊！可是，没多久，我们就要别离了，我怎么能不伤心呢?

一饼度中秋

一位朋友的女儿在电话里对我说："明天是中秋节啦，祝阿姨中秋节快乐。"难得的是长大在国外的年轻人，还能如此重视中国节日。我呢？来美才两个月，过的是漂浮不定的寄居生活，连星期几都记不清，莫说中秋节了。原本是大陆性的美国气候，此时正该是"金风送爽，玉露生香"的好时光，却反常地由华氏六十多度突升到九十多度。他们因而称之为第二个夏天，连秋老虎都没这般凶呢！在汗出如浆中（住处不便开冷气），丝毫也没有"露从今夜白"的美感，也就没有"月是故乡明"的伤感了。

去年中秋节在台北，他公司照例放假半天。中午回家时，他喜孜孜地捧着一盒月饼，对我说："特地买的名牌月饼，四色不同。有你爱吃的五仁、豆沙，有我爱吃的金腿、莲蓉。"我马上抱怨："你又买月饼，年年买月饼，既贵又腻口，还不如我自己做的红豆核桃枣糕呢。"他嗤之以鼻地说："又是你的乡下土糕。你的糕是方的，我的月饼是圆的呀。"我大笑说："你真笨，用圆的容器蒸，不就是圆的了吗？"他只好点头："好好，你吃你的枣糕，我吃我的月饼。"

不等我端出中午的饭菜来，他就打开盒子想吃。我提醒他："要先供祖先呀。"他抱歉地说："差点忘了。"他凡事都非常自我中心，只有供拜祖先这件事，他总是从善如流。这也是我二人在生活上、思想上最为融洽、最最快乐的时刻了。

说来没人相信，那一盒四个月饼，我们就像小老鼠似的，啃啃停停，一个多月才啃完三个，剩下一个豆沙的，再也没胃口吃了，就把它收在冰冻箱里冷藏起来。开玩笑地说："明年中秋节再吃吧。"那个月饼，就这么从去年中秋摆到今年端午，再从端午摆到盛夏。我也好几次想利用它里面的豆沙做汤团吃掉，但总没有心情与时间。直到来美之前，撤清冰箱，才取出这个"硕果"月饼，搁在手心里摸了好久，犹豫了好久，难道还能把它带到美国去吗？只好狠个心扔进了垃圾桶。沉甸甸的"噗通"一声，又感到好心疼。

真是无论如何也没想到，又会来美国过中秋，而且过得如此的意兴阑珊。按说以今日朝发夕至的交通，远渡重洋原不算一回事。可是我是个恋旧得近乎固执的人，好端端的，又把一个家搬到海外，再住上几年，对我来说，真有一种连根拔的痛苦感觉。但有什么办法呢？女人嘛，总得顾到"三从四德"吧。

他今晨笑嘻嘻地对我说："今天公司里会每人发一个月饼，给大家欢度中秋。就不知道主办人在中国城能不能买到跟台北一样香甜的月饼，也不知我分到的是一种什么馅儿的，只有碰运气了。"对于吃月饼，对于月饼馅儿的认真识别，他真是童心不改。他最最爱吃那种皮子纸一样薄，满肚子馅儿的广东月饼，嘴里好像老留有幼年时在外婆家吃第一个广东月饼的香甜滋味呢。我呢？小时候为了偷吃了一角老师供佛的素月饼，被罚写大字三张，所以我的那段记忆远不及他的快乐。也许因此种下了不爱吃月饼的心理状态吧？

他上班后，我在想是不是再来蒸一盘红豆枣糕应应景？何况是我最爱吃的。可是米粉呢？红豆、枣子呢？都得远去中国城买，得换三次车才到，哪里像在台北时跨出大门，过一条大街，五分

钟就买回来了。还有蒸锅盘碗等等，都得向房东借，太麻烦了。只得嗒然放弃一时的兴头，专心等他带回那一个月饼了。

他下午比平时早一小时回到家，手里小心翼翼地捏着一个锡箔纸小包，兴匆匆地递给我说："呶，月饼。今儿大家提前下班回家过中秋。"他喜孜孜的笑容，就跟在台北时捧着一盒名牌月饼进门时一模一样。我打开纸一看说："啊，是苏式翻毛月饼嘛，我倒比较喜欢苏式的，你呢？"他说："苏式、广式还不都是饼，我们吃的是月，不是饼呀。你看这雪白的样子，不是更像月亮吗？"他真懂得享受人生，懂得随遇而安的乐趣。

我只做了一菜一汤（居处未定，一切从简）。洗一碟葡萄，再摆上唯一的月饼。恭恭敬敬地向我们在天的父母拜了节，就开始吃我们丰盛的晚餐了。月饼虽非台北名牌出品，但豆蓉不那么甜得腻人。馅儿像猪肉又像牛肉末子，反比金腿可口，也不知是"物以稀为贵"呢，还是人在他乡，心情不同？总之，吃起来别有一番滋味在心头。

饭后原打算出去散一会儿步，可是天气骤变，霎时间下起滂沱大雨来。气温也直线下降（宝岛的海洋性气候都望尘莫及呢）。"中秋无月"，遇上杜甫或苏东坡等古人，就得吟诗一番，以表遗憾。可是现代人对于月球坑坑洞洞的脸儿，已经不稀罕，中秋有月无月，也就不再关怀了。

何况一阵豪雨过后，暑气全消，这才是"已凉天气未寒时"的光景。天公究竟识时务，不会让你一直过秋天里的夏天的。我宁愿在灯下阅读，静静地度一个冷落清秋节，又何必举头望"美国的月亮"呢。

一道菜、一个月饼，就度过了异国的中秋节。可是我还是好怀念在台北临行前夕，从冰冻箱里取出来那个石头样僵硬的豆沙月饼，我万不得已地把它扔进了垃圾桶，那沉甸甸的"噗通"一声，还一直敲在我的心头呢！

玳瑁发夹

那枚真正的玳瑁发夹，早已不知去向。现在梳妆盒里保存着的，是一枚深咖啡色塑料质的、形状是一只翩跹起飞的蝴蝶，非常像我几十年前丢失的那一枚。是我偶然在地下车的小摊位上发现，特地买回来的。有时把它取出摸摸看看，也试着别在头发上，但因两鬓渐稀疏总是滑下来，而且现在也没有这种打扮了，就把它留下来作纪念。

真的玳瑁蝴蝶发夹，是早年一位姑妈从上海带来送我的。当时若是什么东西从上海买来，就像从美国或欧洲来的一般稀奇。于是我把它带到学校献宝，同学们当然抢着观赏，不胜羡慕。一位有艺术天才的同学沈琪，最喜欢拿人家头发变花样，在自修课时，她用自己口袋里带的小木梳，把我又乌亮又多的头发，在前额正中盘起二个圈圈。把玳瑁蝴蝶夹子别在发根。我在小镜子里一照，觉得自己像画里画的古装"美女"，就得意非凡起来。好在下一节是图画课，图画老师是位温和的好好先生，我就留着古装头舍不得拆掉。

图画课堂声音太吵，隔壁课堂的纠察队报告了校长，校长就咯咯咯地踩着那双响亮的拔佳皮鞋来查堂了。一听到她的皮鞋声，全堂立刻肃静得鸦雀无声，反把图画老师吓了一跳。

校长直向我走来，厉声地问："潘希真，你为什么梳日本头？"

我才想起自己的三朵花发髻，却壮起胆子说："校长，这是古

看庙戏

农历新年

装头，不是日本头。"

"不管什么头，做学生都不准梳，而且除了黑色铁夹子，任何有花的夹子都不许别，你难道不知道吗？"

我已经吓得哭起来了。坐在后排的沈琪，伸手三两下把我的头发抓开，取下了玳瑁蝴蝶夹。

"给我。"校长又大声地说。

沈琪理也不理，把夹子丢在我的铅笔盒里。

"给我。"校长盛怒地伸手去取。

也不知哪来的勇气，我一把将发夹抢在手里，捏得紧紧的。校长说：

"我不记你过，但发夹要留在我这里，星期六你回家时还你。你在家里可以戴，外出不穿学校制服时可以戴。但穿制服、别校徽时就不能戴，你记得吗？"

"校长，她的发夹是黑的，跟头发一个颜色，黑的铁夹子可以别，为什么黑的玳瑁夹子不能别，又不是翡翠别针呀！"沈琪毫无忌惮地说。她是班上胆子最大、反叛性最强的。她长得很漂亮，雪白细嫩的皮肤，红红的嘴唇，校长老是冤枉她搽抹胭脂，气得她直跺脚。有一次，她硬是拉着舍监"裘奶奶"（同学们背地里对舍监的称呼）到盥洗室，当着她用肥皂毛巾使劲地擦脸给她看，要她向校长证明，她的白里透红是天生丽质，不是搽粉抹胭脂，因此"裘奶奶"和校长都很不喜欢沈琪。有一次，沈琪从家里带来一只翡翠别针，别在白制服大襟前，被裘奶奶一眼看见，一声不响地就伸手把它摘下来，交给了校长。校长把沈琪叫到办公室，狠狠给她了一顿大菜（我们称训斥为"吃大菜"），说她太贵族气，怎可把贵重首饰带到学校里来，完全忽视校规，要被警告一次。翡翠别针由校长收着，当面交还她母亲。

那次沈琪听训完，就跑到训导主任沈先生而前，振振有辞地说："戴一下翡翠别针不过是好玩，没有半点炫耀的心意，校长说我贵族气是不公平的，校长自己才贵族呢！皮鞋永远穿名牌拔佳的。"

沈先生笑嘻嘻听着，等她说完了，才慢条斯理地说："校长也知道你是为了好玩，但穿制服戴翡翠别针很不调和，所以说你贵族气。你是学生，自然应当守校规。校长并不受穿什么牌子皮鞋的限制。为了穿得整洁、高雅，她当然可以选择自己认为坚固又美观的牌子穿。她劝你不要戴别针是要你守校规，不是个人和你过不去。校规不是校长一个人订定的。校规是团体生活的规范，个人的意愿喜好与群体规范有抵触时，一定要牺牲个人的意愿与喜好，遵守群体规范，人类社会才会和谐，才会有进步。做学生时代，就要养成这种好习惯。你只要多想一想，就不会生别人气了。"

我们一群同学，为了关心沈琪，都拥在训导室的门口听。觉得心平气和的沈先生，讲得满有道理，就把气鼓鼓的沈琪拉回课堂。但她一直不开心，所以这次为了我的蝴蝶发夹，她就想起翡翠别针被摘下，刻骨铭心的那件事，因而借题发挥，故意提起翡翠别针。她说话时，一脸的满不在乎。

校长转脸向她说："我现在不是问你，你用不着插嘴。"她又盯着沈琪看了半晌说："你的头发又长过耳根了。星期六回家要剪短，如不剪短，我就请裘先生给你剪。"

"裘奶奶，谁要她剪？"沈琪冲口而出。

"你叫她什么？"校长大声地问。

我们都替沈琪捏了一把汗。谁知她马上装出一脸的笑说："我们都喊她裘奶奶，她照顾我们就像个慈爱的奶奶。你们说是不是呀?"

沈琪把"慈爱"二字提得特别响,一对顽皮的大眼睛向我们一眨一眨的,故意要征求同意。我觉得她的受责完全起因于我,就立刻挺身响应:"是啊,我们都喊她裘奶奶。"

后面有的同学,忍不住吃吃地在笑。

大家一时都忘了现在是上图画课,也都忘了好脾气的图画老师。回头一看,原来他一个人站在黑板前面,用粉笔画了一幅画,画的是校长生气地瞪着我的三朵花古装髻,蝴蝶发夹却在半空中飞着、一群同学围着拍手。

校长看了一眼黑板,倒没有怎么生气,却是无动于衷的样子,皮笑肉不笑地对画图老师说:"你是艺术家,不会管束孩子。"就转身蹬蹬蹬地走了。

幸运地,她忘了蝴蝶发夹仍旧捏在我手心里。

我们寄宿的同学,八人一间房子,每到周五晚上,熄灯以后,总是坐在床上,摸黑用一条条碎布,把发梢一绺绺扎紧卷起来。裘奶奶的探照灯电筒一照,一个个都躲进被子,把头一蒙。但爱美是女孩儿天性,在被子里仍旧辛苦地把发梢卷好,第二天早上一打开,发梢就向里弯,软蓬蓬的非常好看。因为星期六只有半天课,下午要回家了,走出尼姑庵似的校门,就得漂亮点呀。

走到校门口,向慈爱的工友老头一扬手说声"明天见",非常神气地走到马路上,头发一甩一甩的,很有风度的样子,因为自觉头发一点也不清汤挂面。

训导主任沈先生,是位和平中正的好老师。他不像校长一天到晚绷着张油光发亮的脸。他总是微露一排龅牙,中间夹着一颗亮晶晶的金牙,不笑也像在笑,一说话更是满脸的笑。我们受了校长的斥责,总是向他去诉苦。我被摘下蝴蝶发夹,也是直奔沈

先生，埋怨校长管得太严了。女孩子要漂亮，头发上变点花样，也是生活上的一点调剂呀。

沈先生笑嘻嘻地听着，把一颗金牙完全露出来，慈爱地对我们说："学校规定你们头发的长度，也不许戴饰物，第一是为了表现团体精神。整齐划一就是一种美。第二是让你们专心学业，不为头发留什么式样而分心烦恼。第三是节省你们梳洗的时间，都是为你们好呀！"

接着他讲了个笑话给我们听：

有一个人，天天为头发梳什么样式而烦恼，烦恼得头发掉到只剩三根，还要去理发馆梳头，她请理发师给她梳根辫子，梳着梳着，头发掉了一根，只剩两根了。理发师抱歉地说："辫子编不成，就给你搓根绳子吧！"谁知一搓两搓，又掉了一根，连绳子也不能搓了。她生气地说："你真不小心，算了算了，现在我只好披头散发地回家了。"

我们都笑得转不过气来，沈先生说："这位女士只有三根头发，多么可怜，你们有满头的乌云，梳个自自然然的学生头，最漂亮不过。你看我就不留西发，只剪个平顶头，自己觉得很舒服、很精神就好了。"

我们都觉得沈先生的平顶头很漂亮，和他的笑口常开很调和，无论他穿长衫或中山装和平顶头都很配合，并不一定要留时髦的西发。我们都很敬爱沈先生，他劝告我们的话，我们都接受。星期六回到家中，将校长对我的责骂和沈先生对我的开导，都告诉送我玳瑁发夹的姑妈。姑妈说：

"他们两位都是好老师，学校就像一个家，家有家规，校有校规。一个严厉，一个慈和，这样你们的身心才能平衡。我想校长内心一定也是很宽容的，不然她就不会聘请一位这样慈和的沈先生当训导主任，这叫做宽严并济。"

姑妈是新派人物，女子师范学堂毕业。她一定很懂得教育心理吧！

我们谈着谈着，她就取出一把烫发钳，一盏酒精灯，把钳子放在灯上烧热了，把我前额的刘海微微卷一下，再为我别上玳瑁发夹，我对镜子一照，顿觉自己容光焕发起来。倒觉得在学校里梳着一律的直短发，不必比来比去，放假回家，稍稍打扮一下，格外的轻松快乐。姑妈说："明天星期日，我们逛商品陈列馆去，你喜欢什么我给你买。"

在当年，逛商品陈列馆就像今日逛大都市的购物中心，自是快乐无比。其实，所谓的商品陈列馆，只不过是一座较大的半旧楼房，上下两层走马廊，一间间陈列着不同的商品，如衣料、饰物、玩具、文具等等，货色并不多，但在我们小孩子眼中，已经是琳琅满目、美不胜收了。

逛商品陈列馆是一件大事，我真想打扮一下，但取出所有的衣服，穿来穿去，对着镜子照照，总觉得没有穿学校制服看去顺眼又活泼。所以换了半天，还是穿回我的学校制服，只是没有别校徽，因为我烫了一点点前额的刘海，又戴了玳瑁蝴蝶夹子，生怕被校长碰见，又要吃大菜。

姑妈问我要买什么小饰物，我虽看着喜欢，也都不想头。因为想想反正都穿制服，没有机会戴，自自然然地也就俭省起来了。

姑妈一直非常朴素。她说在学校时，头发也受很大限制，当时心里很不平，常想着，离开学校，第一件事就是烫一头最摩登的头发。但是真正到离开学校以后，倒有点留恋当年全校整齐划一的穿着与发型。尤其是同学之间，由于衣着一致，发式相同，彼此格外有一份像姊妹似的亲切感。在街上看到穿自己学校制服

的同学，即使不同班的也会亲热地打招呼。她又说由于住校的简朴生活，养成勤俭的习惯，这是她离开学校以后，才深深体会到的。所以她劝我说："你现在不免埋怨校长管得太严，以后你也会怀念她的。"

姑妈的话一点不错，我后来回想起校长的言笑不苟，同训导主任沈先生的未讲先笑，真正是宽严互济的教导方法。想起校长一身朴素而高雅的衣着，配着她那双平整闪亮的名牌皮鞋，显得她格外的威严了。配合着沈先生的温和开导与启发，使我们对群体生活规范有了深深的体认，也养成了整齐、节俭、勤劳的好习惯。因此对两位老师，我都怀着同样的感激，深深的感激。

也由于姑妈的一番开导，对她送我的玳瑁发夹，也就格外地珍惜了。

几十年来的生活变迁，许多心爱的纪念品都散失了。玳瑁发夹固已不复存在，而这个形状相似的塑料仿制的蝴蝶夹，仍使我想起少女时代的顽皮憨态。揽镜看两鬓飞霜，不免对自己莞尔而笑！

吃大菜

我家当年有个厨子叫胖子老刘。他忠心耿耿服侍我父亲，每天都要变花样，烧不同的菜给父亲开胃。可是父亲还是常常要换换口味，到馆子里去吃西餐。那时"西餐"叫做"大菜"，老刘就很不服气地说："洋人吃的就叫大菜，难道我们中国这样又名贵又好吃的菜，反倒是小菜吗？"母亲说："番人长得人高马大，吃的东西都是一大块一大块的，就叫大菜。我们是慢功夫切出细细巧巧的菜，叫小菜，你就别生气啦！"

我并不喜欢吃西餐。直到今天，每逢吃西餐或自助餐，看见"大块文章"，肚子先就饱了。但是小时候，能够由大人带着出去吃馆子，总是挺新鲜的。偏偏母亲是从不上馆子的，因此我就很少有机会享受一顿吃馆子的豪华。偶然父亲兴致来了，带我出去吃的都是西餐，我除了喝几口浓浓的或清清的汤，啃一片面包，就眼巴巴等待最后那杯甜甜的咖啡加牛奶（那时还没布丁与冰淇淋呢），然后偷偷抓几粒方糖放在口袋里，回到家里都碎了，弄得口袋黏黏的，还被最疼我的金妈怨一顿说："家里的糖霜有多好，要去拿那种洋糖块！"

父亲的好友许伯伯有次从北平来了，他是衔烟斗、喝洋墨水的美国留学生，想来一定是喜欢吃西餐的，没想到他对我说："小春呀，带你去西湖楼外楼吃醋溜鱼去！"真把我乐得一跳半丈高。那次，我一个人吃了半条鱼，却是乐极生悲，鱼骨头卡在喉咙里，

明明痛得要命，却不敢声张，生怕下回不带我来了。回到家，母亲与金妈手忙脚乱了一大阵，总算把鱼骨送下去了。母亲说："看来你还是跟你爸爸去吃大菜吧！大菜里没有细细的鱼骨头。"我心想，宁可骨头卡得痛，也不要吃大菜。

我对大菜印象不好的原因，是吃的时候规矩太多。有一年父亲心血来潮，带我这小不点上莫干山避暑，住在"菜根香"那么洋里洋气的旅馆里，进餐有一定的时间，还得穿得整整齐齐的。坐定以后，说话不能大声，眼睛只能看着自己的菜，不能东张西望。刀叉不可敲到盘子，发出叮叮当当的声音来，喝汤时，颈子要伸得直直的，汤匙举得高高的往嘴里送，好累啊，父亲说，如把头伸到盘子边去喝汤就像猪狗吃东西，真气死我了。刀叉究竟要放左边还是右边也搞不清，哪一块面包是我的也搞不清。在屋里，父亲先给我仔仔细细上了一课，到了餐厅一看洋人那么多，就慌了。一顿西餐吃完，回屋来肚子还是空空的。再偷偷到附近小店去买葱煎包来吃，多香呀！父亲笑我究竟是乡下出身的"土香菇"。我宁愿做一辈子土香菇，就是洋不起来；对所谓的"吃大菜"，尤其倒胃口。

最不巧的是，在学校里如犯了过错，被训导主任或级任导师郑重地训斥一顿，也叫"吃大菜"。那顿大菜可就更不是味道了。我是个胆小如鼠的人，犯错的事儿还不多，倒也很少吃大菜。

有一次上课心不在焉，被化学老师（我最怕的人）叫起来，上去写方程式吊黑板，那滋味跟吃大菜一样的难受。情绪低落地回到家中，刚一跨进大门，却见胖子老刘大声对我说："大小姐，二太太要请你吃大菜。"我吓了一跳，悄声地问："她为什么要骂我呀？我做错了什么呀？"我心里想的还是学校里的"大菜"。老刘说："怎会无缘无故骂你，老爷与二太太要带你去吃大菜。最最贵的西餐呀。"我连连摇头说："我不要吃大菜，我要告诉爸爸我不去。"可是老刘说："你不能说不去哟，今天是二太太生日，你爸爸一团高兴才带你去的啊！"

我默默地走向自己的房间，却看见母亲在后廊檐下，就着傍晚微弱阳光，眯起眼睛，专心地用眉毛钳子夹去燕窝上的绒毛，燕窝已经用水发开，大大的一碗，这样夹绒毛要夹多久啊！那是给爸爸晚上喝了进补的。

回头正看见父亲笑吟吟地走来，对我说："小春，爸爸和二妈带你去吃大菜，湖滨大饭店，新开幕的。"

我看了一下低头专心工作的母亲说："爸爸，我不去好不好，我头很痛，今天化学题做不出来，老师要我明天再做一遍。"

父亲没有作声，在粉红色的斜阳里，父亲的满脸笑容，使我只想上前拥抱他，但我没有那样做，因为我不想去吃大菜。父亲没有勉强我，就自顾回书房去了。我心里有点失望，有点抱歉，却又有点莫名其妙的生气，生谁的气呢？是生自己的气吧！谁叫我那么笨，化学方程式背不出来，在课堂上丢面子。

从厨房的玻璃房，我和母亲目送父亲和二妈并肩往大门走去，父亲体贴地为她披上狐皮领斗篷，一定是双双跨上马车走了。

老刘走进厨房，摸摸光头说："我给老爷做了冬笋炒鱼片，他不吃，要去吃大菜，大小姐，你真的不去呀！"我说："规矩太多，烦死了，我不要吃大菜。"母亲淡淡地笑了下说："大菜也好，小菜也好，吃就要开开心心地吃，才有味道。"我顽皮地说："妈妈，今天我在学校里已经吃了一顿大菜了。"母亲奇怪地问："哦，学校里怎么会有大菜给你吃呢？"我格格大笑说："那是老师给我们吃的，大家都好怕吃大菜，吃大菜就是挨老师的骂呀！"母亲也笑了，说："老师骂几句不要紧，老师要你好啊！"我噘起嘴说：

"我宁可吃老师的大菜，也不要吃今天湖滨大饭店的大菜!"

母亲一声不响，只慢条斯理地端出一碗香喷喷的干菜焖肉，一盘绿油油的虾米炒芥菜。加上老刘的冬笋炒鱼片。我们三个人，享受了一顿最最好吃的"小菜"。

寂寞童心

有一首儿童诗：

镜子里有一个小女孩

长得跟我一样

她在哭呢

是不是爸妈不在家

是不是没人陪你玩

出来吧，出来跟我玩

我们不要哭

我读着读着，心里真想哭。

又想起有一对父母，因为工作太忙，一直把第二个孩子寄养在乳娘家里，稍稍长大以后，才把他领回来。他跟哥哥在一张小圆桌上吃饭，爸爸给他们各夹了一块鸡肉。弟弟对哥哥说："你爸爸给我一块鸡肉吃。"

"我爸爸也是你爸爸呀。"哥哥说。

"不是的。"弟弟摇摇头。

"是的嘛。"

"那我为什么一直没有看见过他呢？"

"我也不知道。"

"一定是他不喜欢我啊!" 弟弟哭了。

哥哥放下筷子,走过来紧紧拥抱着弟弟说:

"弟弟! 哥哥喜欢你,爸爸妈妈都喜欢你,你不要哭啊!"

琦君散文

大爱无疆

.

母亲的金手表

母亲那个时代，没有"自动表"、"电子表"这种新式手表，就连一只上发条的手表，对于一个乡村妇女来说，都是非常稀有的宝物。尤其母亲是那么俭省的人，好不容易父亲从杭州带回一只金手表给她，她真不知怎么个宝爱它才好。

那只圆圆的金手表，以今天的眼光看起来是非常笨拙的，可是那个时候，它是我们全村最漂亮的手表。左邻右舍、亲戚朋友到我家来，听说父亲给母亲带回一只金手表，都会要看一下开开眼界。母亲就会把一双油腻的手，用稻草灰泡出来的碱水洗得干干净净，才上楼去从枕头下郑重其事地捧出那只长长的丝绒盒子，轻轻地放在桌面上，打开来给大家看。然后眯起（近视眼）来看半天，笑嘻嘻地说："也不晓得现在是几点钟了。"我就说："您不上发条，早就停了。"母亲说："停了就停了，我哪有时间看手表？看看太阳晒到哪里，听听鸡叫就晓得时辰了。"我真想说："妈妈不戴就给我戴。"但我也不敢说，知道母亲绝对舍不得的。只有趁母亲在厨房里忙碌的时候，才偷偷地去取出来戴一下，在镜子里左照右照一阵又脱下来，小心放好。我也并不管它的长短针指在哪一时哪一刻。跟母亲一样，金手表对我们来说，不是报时，而是全家紧紧扣在一起的一种保证，一份象征。我虽幼小，却完全懂得母亲宝爱金手表的心意。

后来我长大了，要去上海读书。临行前夕，母亲泪眼婆娑地

要把这只金手表给我戴上，说读书赶上课要有一只好的手表。我坚持不肯戴，我说："上海有的是既漂亮又便宜的手表，我可以省吃俭用买一只。这只手表是父亲留给您的最宝贵的纪念品啊！"因为那时父亲已经去世一年了。

我也是流着眼泪婉谢母亲这份好意的。到上海后不久，就由同学介绍熟悉的表店，买了一只价廉物美的不锈钢手表。每回深夜伏在小桌上写信给母亲时，就会看着手表写下时刻。我写道："妈妈，现在是深夜一时，您睡得好吗？枕头底下的金手表，您要时常上发条，不然的话，停止摆动太久，它会生锈的哟。"母亲的来信总是叔叔代写，从不提手表的事。我知道她只是把它默默地藏在心中，不愿意对任何人说的。

大学四年中，我也知道母亲身体不太好。她竟然得了不治之症，我一点都不知道，她生怕我读书分心，叫叔叔瞒着我。我大学毕业留校工作，第一个月薪水就买了一只手表，要送给母亲，也是金色的。不过比父亲送的那只江西老表要新式多了。

那时正值对日抗战，海上封锁，水路不通，我于天寒地冻的严冬，千辛万苦从旱路赶了半个多月才回到家中，只为拜见母亲，把礼物献上。没想到她老人家早已在两个月前，默默地逝世了。

这分锥心的忏悔，实在是百身莫赎。孔子说："父母在，不远游。"我是不该在兵荒马乱中，离开衰病的母亲远去上海念书的。她挂念我，却不愿我知道她的病情。慈母之爱，昊天罔极。几十年来，我只能努力好好做人，但又何能报答亲恩于万一呢？

我含泪整理母亲遗物，发现那只她最宝爱的金手表，无恙地躺在丝绒盒中，放在床边抽屉里。指针停在一个时刻上，但绝不是母亲逝世的时间。因为她平时就不记得给手表上发条，何况在沉重的病中！

手表早就停摆了，母亲也弃我而去了。有很长一段时间，我不忍心去开发条，拨动指针。因为那究竟是母亲在日，它为她走过的一段旅程，记下的时刻啊。

没有了母亲以后的那一段日子，我恍恍惚惚的，只让宝贵光阴悠悠逝去。在每天二十四小时中，竟不曾好好把握一分一刻。有一天，我忽然省悟，徒悲无益，这绝不是母亲隐瞒自己病情，让我专心完成学业的深意，我必须振作起来，稳定步子向前走。

于是我抹去眼泪，取出金手表，开紧起发条，拨准指针，把它放在耳边，仔细听它柔和有韵律的嘀嗒之音。仿佛慈母在对我频频叮咛，心也渐渐平静下来。

我把从上海为母亲买回的表和它放在一起，两只表都很准确。不过都不是自动表，每天都得上发条。有时忘记上它们，就会停摆。

时隔四十多年，随着时局的紊乱和人事的变迁，两只手表都历尽沧桑，终于都不幸地离开了我的身边，不知去向了。

现在我手上戴的是一只普普通通的不锈钢自动表，式样简单，报时还算准确。但愿它伴我平平安安地走完以后的一段旅程吧！

去年我的生日，外子却为我买来一只精致的金表，是电子表。他开玩笑说我性子急，脉搏跳得快，表戴在手上一定也越走越快。而且我记性又不好，一般的自动表脱下后忘了戴回去，过一阵子就停了，再戴时又得校正时间，才特地给我买这个表，几年里都不必照顾它，也不会停摆，让我省事点。他的美意，我真是感谢。

自动表也好，电子表也好，我时常怀念的还是那只失落了的母亲的金手表。

有时想想，时光如真能随着不上发条就停摆的金手表停留住，该有多么好呢？

母　亲

　　每当我把一锅香喷喷的牛肉烧成焦炭，或是一下子拉上房门，却将钥匙忘在里面时，我就一筹莫展，只恨自己的坏记性，总是把家事搞得一团糟。这时，就有一个极柔和的声音，在耳边响起："小春，别懊恼，谁都会有这种可笑的情形。别尽着埋怨自己。试试看，再来过。"

　　那就是慈爱的母亲，在和我轻轻地说话。母亲离开人间已三十五年。可是只要我闭上眼睛想她，心里喊着她，她就会出现在我眼前，微微摇摆着身体，慢慢儿走动着。在我的记忆里，母亲总是这么慢慢儿摇摆着，走来走去，从早做到晚，不慌不忙。她好像总不生气，也没有埋怨过别人或自己。有一次，她为外公蒸枣泥糕，和多了水，蒸成了一团浆糊。她笑眯着眼说："不要紧，再来过。"外公却说："我没有牙，枣泥糊不是更好吗？"他老人家一边吃，一边夸不绝口。我想母亲的好性情一定是外公夸出来的。因此，我在懊丧时，只要一想到母亲说的："不要紧，再来过。"我就重整旗鼓，兴高采烈起来了。

　　在静悄悄的清晨或午后，一个人坐在屋子里，什么事都不做，只是"一往情深"地思念着母亲，内心充满安慰和感谢。对我来说，真是人生莫大的快乐。我常常在心里轻声地说：妈妈，如果您现在还在世的话，我们将是最最知心的朋友啊！

　　母亲是位简朴的农村妇女，她并没读过多少诗书。可是由于外公外婆的教导，和她善良的本性，她那旧时代女性的美德，真可作全村妇女的模范。我幼年随母亲住在简朴的乡间，对于"日出而作，日入而息"的农村生活，至今记忆犹新。

那时的乡间，没有电台、电视报时报气候。母亲每天清晨，东方一露曙光就起床。推开窗子，探头望天色，嘴里便念念有词："天上云黄，大水满池塘。靠晚云黄，没水煎糖。"她就会预知今天是个什么天气。如果忘了是什么节候，她就会在床头小抽屉中取出一本旧兮兮的黄历，眯着近视眼边看边念："正月立春雨水，二月惊蛰春分，三月清明谷雨……"我就抢着念下去，母亲说："别念那么多，还没有到那节候呢。"

母亲用熟练的手法，把一条乌油油的辫子，在脑后盘成一个翘翘的螺丝髻，就匆匆进厨房给长工们做早饭。我总要在热被窝里再赖一阵才起来，到厨房里，看母亲掀开锅盖，盛第一碗热腾腾的饭在灶神前供一会，就端到饭桌上给我吃。饭盛得好满，桌上四四方方地排着九样菜，给长工吃的，天天如此。母亲说："要饱早上饱，要好祖上好。"她一定也要我吃一大碗饭。我慢吞吞地吃着，抬头看墙壁上被烟熏黄了的古老自鸣钟，钟摆有气无力地摆动着，灰扑扑的钟面上，指针突然会掉下一大截，我就喊："钟跑快了。"母亲从来也不看那口钟的，晴天时，她看太阳晒到台阶儿的第几档就知道是什么时辰了。雨天呢，她就听鸡叫。鸡常常是咚咚咚地绕在她脚边散步。她把桌上的饭粒掸在手心里，放到地上给鸡啄。母亲说饭就是珍珠宝贝，所以不许我在碗里剩饭。老师也教过我"谁知盘中餐，粒粒皆辛苦"的诗，我也知道吃白米饭的不容易。

做完饭，喂完猪，母亲就会打一木盆热水，把一双粗糙的手在里面泡一阵，然后用围裙擦干，手上的裂缝像一张张红红的小

口，母亲抹上鸡油，（那就是她最好的冷霜了。）脸上露出满足的微笑，看自己的手，因为这双手为她做了那么多事。我曾说："妈妈，阿荣伯说您从前的手好细好白，是一双有福气的玉手。"母亲叹息似的说："什么叫有福气呢？庄稼人就靠勤俭。靠一双玉手又有什么用？"我又说："妈妈，婶婶说您的手没有从前细了，裂口会把绣花丝线勾得毛毛的，绣出来的梅花喜鹊、麒麟送子，都没有从前漂亮了。"母亲不服气地说："哪里？上回给你爸爸寄到北平去的那双绣龙凤的拖鞋面，不是一样的又光亮又新鲜吗？你爸爸来信不是说很喜欢吗？"

　　母亲在忙完一天的工作之后，总是坐在我身边，就着一盏菜油灯做活，织带子啦、纳鞋底啦、缝缝补补啦。亮闪的针在她手指缝中间跳跃着。我不由停下功课，看着她左手无名指上的赤金戒指，由于天天浸水洗刷，倒是晶亮的。那是父亲给母亲的订婚礼物，她天天戴在手上，外婆留给她的镶珍珠、宝石的戒指，都舍不得戴。于是我又想起母亲的朱红首饰箱来，索性捧出来一样样翻弄。里面有父亲从外国带回送她的一只金表，指针一年到头停在老地方，母亲不让我转发条，怕转坏了。每年正月初一，去庙里烧香，母亲才转了发条戴上，平常就放在盒子里睡觉，我说发条不转会长锈的，母亲说："这是你爸爸买给我最好的德国表，不会长锈的。"我又说："表不用，有什么意思。"母亲说："用旧了可惜，我心里有个表。"真的，母亲心里有个表，做事从不会错过时间。除了手表和宝石戒指以外，就是哥哥和我两条刻着"长命富贵"的金锁片。我取出来统统挂在脖子上。母亲停下针线，凝视着金锁片说："怎么就没让你哥哥戴着去北平呢？"我就知道她又在想念在北平的哥哥了，连忙收回盒子里。

　　母亲对父亲真个是千依百顺，这不仅是由于她婉顺的天性，也因为她敬爱父亲，父亲是她心目中的奇男子。他跟别的男孩子不一样，说话文雅，对人和气，又孝顺父母，满腹的文章，更无与伦比。后来父亲求得功名，做了大官，公公婆婆都夸母亲命里有帮夫运，格外疼这个孝顺的儿媳妇了。

尽管母亲有帮夫运，使父亲在仕途上一帆风顺，她却一直自甘淡泊地住在乡间，为父亲料理田地、果园。她年年把最大的杨梅、桃子、橘子等拣出来邮寄到杭州给父亲吃，只要父亲的信里说一句："水果都很甜，辛苦你了。"母亲就笑逐颜开，做事精神百倍。母亲常说："年少夫妻老来伴。"而她和父亲总是会少离多。但无论如何，在母亲心中，父亲永远是他们新婚时穿宝蓝湖绉长衫的潇洒新郎。

我逐渐长大以后，也多少懂得母亲的心事，想尽量逗母亲快乐。但我毕竟是个任性的孩子，还是惹她生气的时候居多。母亲生气时，并不责备我，只会自己掉眼泪，我看她掉眼泪，心里抱歉，却又不肯认错。事实上，对我所犯的小小过错，母亲总是原谅的，而且给我改过以及再接再厉的机会。比如我不小心打破了一个饭碗，她就会再给我一个饭碗去盛饭，严厉地说："这回拿好，打破了别吃饭。"如果因贪玩忘了喂猪，她就要我多做一件事以示惩罚。但我如犯了大错，她就再也不会纵容。她的态度是严厉的，话是斩钉截铁的，责备完以后，丢下我一个人去哭，非得我哭够了自己出来，她是不会理我的。

母亲像一潭静止的水，表面上从看不出激动的时候，她的口中，从不出恶毒之言，旁人向她打听什么，她就说："我不知道呀。"或是："我记性最坏，什么都忘了。"有人说长论短，或出口伤人，她就连连摇手说："可别这么说，将来进了阴间，阎王会将你舌头拉出来，架上牛耕田的啊！"我笑她太迷信。她说："别

管有没有，一个人如不说好话，不做正当事，心里自会不平安，临终之时，就到不了西方极乐世界。"母亲的最后理想，就是往生西方极乐世界。她在烦恼悲伤时，都是以此自慰。她是位虔诚的佛教徒，自幼跟外公学了不少经，《金刚经》《弥陀经》，她都背得很熟。逢年过节不得不杀鸡、猪，母亲就跪在佛堂里念《大悲咒》《往生咒》。我看她一脸的庄严慈悲，就像一尊菩萨。还有每当她拿米和金钱帮助穷苦的邻居时，总是和颜悦色，喜溢眉梢。后门口小贩一声吆喝，母亲就去买鱼肉，从不讨价还价，外公摸着胡子得意地说："你妈小时候，我教过她朱伯庐先生治家格言，她真的做到了。"我听了外公的话，也到大厅里看屏风上的治家格言："与肩挑贸易，毋占便宜；见贫苦亲邻，须加温恤。"母亲真的样样做到了。

　　母亲并没认多少字，读多少书，她的学识和许多忠孝节义的故事，都是从花名宝卷、庙会时的野台戏，以及瞎子的鼓儿词里学来的，她和婶母们一边做事，一边讲着故事，讲得有头有尾，这也是她最最快乐的时光了。她说话时慢条斯理，轻声轻气，对于字眼的声音十分注意，有时讲究到咬文嚼字的程度，听来却非常有趣。比如数目中的"二"字，她一定说"一对"，显得吉利。"四"字呢，一定说"两双"。因为"四"、"死"同音，是非常非常忌讳的，尤其逢年过节或过生日的时候。数到"十一"她就说"出头啦"，因为十一是个单数。又比如"没有"，她一定说"不有"，因为"没"、"殁"同音，是绝对不能说的。这都是她小时候外婆教她的。

　　冬天的夜晚，我躺在暖烘烘的被窝里，听母亲讲"宝卷"上"落难公子中状元，私订终身后花园"的故事。讲到男女相悦的爱情场面时，母亲双颊泛起红晕笑靥，仿佛是在叙述自己的恋爱故事呢。讲着讲着，她便会低低地唱起来，像吟诵一首古诗，声音十分悦耳。每一首词儿，我都耳熟能详，却是越听越想听。我至今牢牢记得她唱的"十八岁姑娘"：

十八岁姑娘学抽烟，银打的烟盒儿金镶边。不好的烟丝她不要抽，抽的桔梗兰花烟。姑娘河边洗丝帕，丝帕漂水永生花。"撑船的哥儿帮我挑一把，今晚到小妹家里喝香茶。""我怎知姑娘住哪里？朱红的门儿矮墙里，上有琉璃瓦，下有碧纱窗，小院角落里有株牡丹花。""姑娘呀！我粗糠哪配高粱米，粗布哪配细绸绫。""阿哥阿哥休这样讲，十个单指头伸出来有长短，山林树木有高低。"

现在看看这段词儿，当年农村少男少女的恋爱，不也非常热情奔放吗？

月亮好的夜晚，母亲就为我唱《月光经》。她放下手中的活儿，双手合掌，一脸的肃穆神情，《月光经》的词儿是这样的：

太阴菩萨上东来，天堂地狱九层开。十万八千诸菩萨，诸位菩萨两边排。脚踏芙蓉地，莲花遍地开。头顶七层宝塔，月光娑婆世界。一来报答天和地，二来报答父母恩，三来报答阎罗天子地狱门。弟子诚心念一遍，永世不入地狱门。临终之时生净土，七祖九族尽超生。

母亲闭目凝神，念完一遍，俯身拜一拜。那份虔诚的尊敬，充分表现了母亲坚定的宗教信仰。其他还有《干菜经》《灶神经》，每一首经的音调，都给人一种沉静稳定的力量。每一首的词

儿，也都令人回味无穷。例如《灶神经》中最精彩的句子："不论荤素口，万里去修行。八月初三卯时辰，手做生活口念经。一天念得三四卷，胜过家中积金银。黄金白银带不去，只带灶神一卷经。"细细咀嚼，使你安心知足。这也许就是母亲能一生安贫守拙、淡泊自甘的主要原因吧！

母亲最后总是以一首《孩儿经》催我入梦：

孩儿孩儿经，亲生孩儿有套经，抱在怀中亲又亲。轻轻手儿放上床，轻轻脚儿下踏凳，轻轻手儿关房门。门外何人高声喊，摇摇手请莫高声。只怕孩儿受惊哭，只愁孩儿睡不沉。孩儿带到一周岁，衣衫件件破前襟。孩儿养到七八岁，请来老师教诗文。孩凡长到十七八，拜托媒人来说亲。娶了亲，结了婚，亲爹亲娘是路人。有话轻轻讲，莫让堂上爹娘得知音。爹娘吃素凭你面，没块豆腐到如今。娇妻怀胎未满三个月，买来橘饼又人参。爹娘要你买块青丝帕，声声口口回无银。娇妻要买红丝帕，打开银包千两银。

《孩儿经》是我从襁褓之时听起，渐渐长大以后，听一回有一回的深切感受。父亲去世以后，我拜别母亲，去上海求学孤孤单单住在学校宿舍里，无论是月白风清，或雨暗灯昏的夜晚，我总是拥着被子，一遍又一遍地念着《孩儿经》。感念亲情似海，不知何以为报。常常是眼泪湿透了半个枕头。

我虽远离母亲，求学他乡，而多年的忧患，使母女的心靠得更近。我也已成人懂事。想起母亲一生辛劳，从没享过一天清福，哥哥的突然去世，父亲的冷淡与久客不归，尤给与母亲锥心的痛楚，她发过心气痛，咯过血，却坚忍地支持过来。我常常想，究竟是什么力量使母亲挣扎着活下去的呢？是外公的劝慰吗？是她对菩萨虔诚的信赖吗？还是为了我这个爱女呢？我夜深靠在枕上读书，常常思绪纷乱，披着母亲为我编织的毛衣，到小小的天井里散步。那时因战事交通阻隔，一封家书常常要一两个月才到达。母亲每封由叔叔代笔的信，都告诉我她身体很硬朗，叫我专心学业。

我毕业以后赶回家中，母亲竟已不在人间。那片广阔寂寞的橘园，就是她暂时安息之所。她生前那么照顾这片果园，她去后，橘子依旧长得硕大鲜红。采下橘子供母亲的时候，不禁思绪潮涌。我打开她的首饰箱，取出那只金手表，指针停在一个时间上，但不知母亲最后一次转发条是在哪一天，哪一个时辰。对母亲来说，时间本来就是静止的，在她心里哪有什么春去秋来的时序之分呢？她全副心意都在丈夫和儿女身上，我相信父亲实在是深深地爱着母亲的，这就是她生活力量的泉源。

父　亲

　　我幼年时，有一段短短的时日，和哥哥随母亲离开故乡，作
客似的，住在父亲的任所杭州。在我们的小脑筋中，父亲是一位
好大好大的官，比外祖父说的"状元"还要大得多的官。每回听
到马弁们一声吆喝："师长回府啦！"哥哥就拉着我的手，躲到大
厅红木嵌大理石屏风后面，从镂花缝隙中向外偷看。每扇门都左
右洞开，一直可以望见大门外停下来巍峨的马车，四个马弁拥着
父亲咔嚓咔嚓地走进来。笔挺的军装，胸前的流苏和肩徽都是金
光闪闪的，帽顶上矗立着一枚雪白的缨。哥哥每回都要轻轻地喊
一声："噢！爸爸好神气！"我呢，看到他腰间的长长指挥刀就有
点害怕。一个叫胡云皋的马弁把帽子和指挥刀接过去，等父亲坐
下来，为他脱下长靴，换上便鞋，父亲就一声不响地进书房去了。
跟进书房的一定是那个叫陈胜德的马弁。书房的钥匙都由他管，
那是我们的禁地。哥哥说书房里有各种司蒂克（手杖），里面都
藏着细细长长的钢刀，有的是督军赠的，有的是部下送的，还有
长长短短的手枪呢。听得我汗毛凛凛的，就算开着门我都不敢进
去，因此见到父亲也怕得直躲。父亲也从来没有摸过我们的头。
倒是那两个贴身马弁，胡云皋和陈胜德，非常地疼我们。只要他
们一有空，我们兄妹就像牛皮糖似的黏着他们，要他们讲故事。
陈胜德小矮个子，斯斯文文的，会写一手好小楷。母亲有时还让
他记菜账。为父亲炖好的参汤、燕窝也都由他端进书房。他专照

顾父亲在司令部和在家的茶烟、点心、水果。他不抽烟，父亲办公桌上抽剩的加里克、三炮台等香烟，都拿给胡云皋。吃剩的雪梨、水蜜桃、蜜枣就拿给我们。他说他管文的，胡云皋管武的，都是父亲最忠实的仆人。这话一点不错，在我记忆中，父亲退休以后，陈胜德一直替父亲擦水烟筒，打扫书房。胡云皋专管擦指挥刀、勋章等等，擦得亮晶晶的，再收起来，嘴里直嘀咕："这些都不用，真可惜。"父亲出外散步，他就左右不离地跟着，叫他别跟都不肯，对父亲讲话总是喊"报告师长"。陈胜德就改称"老爷"了。

　　陈胜德常常讲父亲接见宾客时的神气给我们听，还学着父亲的蓝青官话拍桌子骂部下。我说："爸爸这么凶呀？"他说："不是凶，是威严。当军官第一要有威严，但他不是乱发脾气的，部下做错了事他才骂，而且再怎么生气，从来不骂粗话，顶多说'你给我滚蛋'，过一会儿也就没事了。这是因为他本来是个有学问的读书人，当初老太爷一定教导得很好，又是陆军大学第一期毕业，又是日本留学生，所以他跟其他的军长、师长，都不一样。"哥哥听了好得意，摇头晃脑地说："将来我也要当爸爸一样的军官。"胡云皋跷起大拇指说："行，一定行。不过你得先学骑马、打枪。"他说父亲枪法好准，骑马功夫高人一等，能够不用马鞍，还能站在马背上跑。我从来没看见过父亲骑马的英姿，只看见那匹牵在胡云皋手里驯良的浅灰色大马。胡云皋把哥哥抱在马背上骑着过瘾，又把我的小手拉去放在马嘴里让它啃，它用舌头拌着、舔着，舔得湿漉漉、痒酥酥的，却一点也不疼。胡云皋说："好马一定要好主人才能骑。别看你爸爸威风八面，心非常仁慈，对人好，对马也好，所以这匹马被他骑得服服帖帖的，连鞭子都不用一下，因为你爸爸是信佛的。"哥哥却问："爸爸到了战场上，

是不是也要开枪杀人呢？"胡云皋说："在战场上打仗，杀的是敌人，你不杀他，他就杀你。"哥哥伸伸舌头。我呢，最不喜欢听打仗的事了。

幸亏父亲很快就退休下来。退休以后，不再穿硬邦邦的军服、戴亮晶晶的肩徽。在家都穿一套蓝灰色的长袍，手里还时常套一串十八罗汉念佛珠。剪一个平顶头，鼻子下面留了短短八字胡，看去非常和气，跟从前穿长筒靴、佩指挥刀的神气完全不一样了。看见我们在做游戏，他就会喊："长春、小春过来，爸爸有美国糖给你们吃。"一听说"美国糖"，我们就像苍蝇似的飞到他身边。哥哥曾经仰着头问："爸爸，你为什么不再当军官，不再打仗、杀敌人了呢？"父亲慢慢儿拨着念佛珠说："这种军官当得没有意思，打的是内仗，杀的不是敌人，而是自己的同胞，这是十分不对的，所以爸爸不再当军官了。"檀香木念佛珠的芬芳扑鼻而来，和母亲经堂里香炉中点的香一个味道。我就问："那么爸爸以后也念经啰。"父亲点点头说："哦，还有读书、写字。"后来父亲买了好多好多的书和字画，都归陈胜德管理，他要哥哥和我把这些书统统读完，做一个有学问的人。

可是，读书对于幼年的哥哥和我来说，实在是件很不快乐的事。老师教完一课书，只放我们出去玩一下，时间一到，就要回书房。我很怕老师，不时地望着看不大懂的自鸣钟催哥哥快回去，哥哥总是说："再玩一下，时间还没到。"有一次，我自怨自艾地说："我好笨啊，连钟都不会看。"父亲刚巧走过，笑着把我牵进书房，取下桌上小台钟，一圈圈地转着长短针，一个个钟头教我认，一下子就教会了。他说："你哥哥比你懒惰，你要催他，遵守时刻是很重要的。"打那以后，哥哥再也骗不了我说时间没到了。只要老师限定的休息时间一过，我就尖起嗓门喊："哥哥，上课去啦。"神气活现的样子。哥哥只好噘着嘴走回书桌前坐下来。书房里也有一口钟,哥哥命令我说:"看好钟,一到下课时间就喊'老师,下课啦'!"所以老师对父亲说我们兄妹俩都很守时。

没多久,父亲不知为什么决定要去北平,就把哥哥带走了,让我跟着母亲回故乡。那时我才六岁,哥哥九岁。活生生地拆开了我们兄妹,我们心里都很难过,后悔以前不应该时常吵架。哥哥能去北平,还是有点兴奋,劝我不要伤心,他会说服父亲接母亲和我也去的。母亲虽舍不得哥哥远离身边,却是很坚定地带我回到故乡。她对我说:"你爸爸是对的,男孩子应当在父亲身边,好多学点做人的道理,也当见见更大的世面,将来才好做大事业。"我却有点不服气,同时也实在思念哥哥。

老师和我们一起回到故乡,专门盯住我一个人教,教得我更苦了。壁上的老挂钟又不准确,走着走着,长针就跳一下,掉下一大截,休息时间明明到了,老师还是说:"长针走得太快,不能下课。"我好气,写信告诉父亲和哥哥。父亲来信说,等回来时一定买只金手表,戴在我手腕上,让我一天二十四个钟头都看着长短针走。于是我天天盼着父亲和哥哥回来,天天盼着那只金手表。哥哥告诉我,北平天气冷,早晨上学总起不了床。父亲给他买了个闹钟放在床头几上,可是闹过了还是起不来,时常挨父亲的骂,父亲说懒惰就是没有志气的表现。他又时常伤风要吃药,吃药也得按时间,钟一闹非吞药粉不可,药粉好苦,他好讨厌闹钟的声音,也好盼望我去和他做伴,做他的小闹钟。我看了信,心里实在难过,觉得父亲不带母亲和我去北平是不公平的。可是老师说,大人有大人的决定,是不容孩子多问的。我写信对哥哥说,如果我也在北平的话,早晨一定会轻轻地喊:"哥哥,我们上学啦。"一点也不会吵醒爸爸。吃药时间一到,我也会喊:"哥哥,吃药

啰。"声音就不至像闹钟那么讨人嫌了。

哥哥的身体愈来愈弱，到父亲决心接我们北上时，已经为时太晚。电报突然到来，哥竟因急性肾脏炎不治去世，我们不必北上，父亲就要南归故里了。兄妹分别才两年，也就成了永别。我那时才八岁。我牢牢记得，父亲到的那天，母亲要我走到轿子边上，伸双手牵出父亲，要面带笑容。我好怕，也好伤心，连一声"爸爸"都喊不响。父亲还是穿着蓝灰色长袍，牵着我的手走到大厅里坐下来，叫我靠在他怀里，摸摸我的脸、我的辫子，把我的双手紧紧捏在他手掌心里，说："怎么这样瘦？饭吃得下吗？"这是他到家后，对我说的第一句话，声音是那般的低沉。我呆呆地说："吃得下。"父亲又抬头看看站在边上的老师，说："读书不要逼得太紧，还是身体重要。"不知怎的，我忽然忍不住哭了起来，不完全是哭哥哥，好像自己也有无限的委屈。父亲也掩面而泣。好久好久，他问："你妈妈呢？"我才发现母亲不在旁边，原来她一个人躲在房中悄悄地落泪。这一幕伤怀的情景，我毕生不会忘记。尤其是他捏着我的手问的第一句话，包含了多少爱怜和歉疚。他不能抚育哥哥长大成人，内心该有多么沉痛。我那时究竟还幼小，不会说安慰他的话，长大懂事以后，又但愿他忘掉哥哥，不忍再提。

几天后，父亲取出那口小闹钟，递给我说："小春，留着做个纪念。你哥哥最不喜欢看钟，我却硬要他看钟，要他守时。他去世的时候是清晨五点，请大夫都来不及，看钟又有什么用？"父亲眼中满是泪水。我捧了小闹钟一直哭，想起哥哥信里的话，我永不能催他起床上学了，我也不喜欢听闹钟的声音了。

哥哥去世后，父亲的爱集于我一身。我也体弱多病，每一发烧就到三十九摄氏度。父亲是惊弓之鸟，格外担心，坚持带我去城里割扁桃腺。住院一周，父亲每天不离我床边，讲历史故事给我听，买会哭、会吃奶、会撒尿的洋娃娃给我，我享尽了福，也撒尽了娇。但因当时大夫手术不高明，有一半扁桃腺割得不彻底，反而时常容易发炎，到今天每回犯敏感，就会想起当时住院的情景。

父亲爱我，无微不至。我想看他手上的夜光表，他就脱下来给我。我打碎了他心爱的花瓶、玉杯，他也不责骂。钓鱼、散步，总带着我一起，只是不喜欢热闹的场合。有一次二月初一庙会，我和姑妈、姨妈等人说好一起出去逛的。等我匆匆抄好作文，换了新衣服赶出来，她们已经走远了。我好气，也不管漂亮的新旗袍，一屁股坐在台阶上哭。父亲从书房走出来说："别哭，我正想去走走，陪我去吧！"他牵着我的手边走边讲道理给我听。我感到父亲的手好大好温暖，跟外公和阿荣伯的一样。我不禁问："爸爸，你的手从前是打枪的，现在只会拿拐杖和旱烟筒了。"他笑笑说："这就叫作'放下屠刀，立地成佛'。"我想，父亲的信佛和母亲的吃素念经是很有关系的。其实父亲当军人时也是仁慈的军人，马弁胡云皋就曾说过的。许多年后，有一位"化敌为友"的父执曾对我说："你爸爸不但带打了胜仗的军队带得好，对打了败仗的军队带得更好，这可不简单啊！你不知道打败仗的军队，维持军纪有多难。你父亲治军纪律极严，绝不扰民，他真不愧为一位儒将。"这话出诸一位曾经与他为敌的人口中，当然是千真万确的。我对父亲也愈加敬爱了。

到杭州进中学以后，父亲对我管教渐严，时常要我背英文给他听。其实我背错了他也不知道，不比古文、唐诗，一个字也错不得。他还要看我的作文、日记，连和同学们通的信都要看，使我对他起了畏惧之心。那时当然没有"代沟"、"代差"等新名

词，但小女孩在成长期中，总有些和同学们的悄悄话，不愿为长辈所知。有一次，我在日记中发了点牢骚，父亲看后引了圣贤之言，把我训斥一顿。我一气把日记撕了。父亲大为震怒，命我以工楷抄《心经》一遍反省。那时我好"恨"父亲，回想在故乡时他牵着我的手去看庙会的慈爱，如同隔世；父亲好像愈来愈不了解我了。

　　他对我期望过分殷切，好像真要把我培植成个才女，说女孩子要能诗能画，还要能音乐。从初一起，就硬要我学钢琴。学校里有个别教学与合组教学两种，他不惜每学期花十二块银元要我接受个别教学。偏偏我没有一丁点音乐细胞，加以英文、数学、理化已压得我喘不过气，对学钢琴实在毫无兴趣。每学期开始，都苦苦哀求父亲准许我免学。父亲总是摇头不答应。勉强拖到高二下学期，钢琴课成绩坏到连授课老师都认为我有放弃的必要。正好又得准备高三的毕业会考，好心的钢琴老师是美国人，她自动到我家来，用生硬的杭州话对父亲说："你的女儿音乐舔菜（天才）不耗（好），请你不要比（逼）她学钢罄（琴）。"父亲这才同意我放弃了。一根弦足足绷了五年，这一放弃，五线谱上的豆芽菜一下就忘得一干二净。父亲当然很生气，可是我却好轻松、好痛快。假使世界上真有"对牛弹琴"这回事的话，我就是那头笨牛了。直到今天，我一听到叮叮咚咚的钢琴声，就会想起那五年浪费的"苦练"而感到心痛，因为我不能随父亲心愿，实在太对不起他老人家了。

　　进入大学，我也懂事多了，父女的感情，竟有点近乎师友之间。中文系主任对我的夸奖也使父亲对我另眼看待。他喜欢作诗，每回作了诗都要和我商讨。我也不知天高地厚地喜欢改。有时瞎子打拳似的，击中一下，改出了"画龙点睛"的字来，父亲就拊掌大大称许一番。其实我明明知道他是试我，也是鼓励我，但于此中正享受无尽的亲情和乐趣。

父亲不喝酒、不打牌，连烟都因咳嗽而少抽。他最大的嗜好就是读书、买书。各种好版本，打开来欣赏欣赏，闻闻那股子樟脑香，对他便是无上乐趣。因此杭州与故乡永嘉二处的藏书也算得相当丰富。每年三伏天，我帮母亲晒皮袍，帮父亲晒书。父亲总是语重心长地要我好好保存这些丛书和名贵的版本。至于字画古董，父亲不大辨真伪，也不计较真伪，有时明知是赝品也买。他说卖字画的人常识丰富，说来头头是道，即使是一种骗术，听听也很令人快意。况且赝品的作者，也未始没下一番功夫，只要看来赏心悦目，有何不好呢？可说别有境界。他也喜欢端砚与松烟好墨。他有一块王阳明的写经叶，想来也是赝品，却是非常玲珑可爱，有时濡墨作诗，或圈点诗文，常常吟哦竟日，足不出书房一步。他说："古人谓'我自注书书注我，人非磨墨墨磨人'，正是这番光景。"

1937年抗日战争爆发，举家不得不避乱回故乡。临行前，父亲打开书橱，抚摸着每册心爱的书，唏嘘地对我说："乱离中一切财物都不足惜，只这数千卷的书和两部藏经，总是叫人不能释然于怀，但不知能否再回来，再读这些书？"父亲一向乐观，忽然说这样伤感的话，不由使我暗暗心惊。忠仆陈胜德自愿留守杭州寓所，照顾书籍。父亲也只得同意了。回到故乡以后，父亲因肺疾与痔疮间发，僻处乡间，没有良医和特效药，健康一日不如一日。另一位忠仆胡云皋到处打听偏方灵丹，常常翻山越岭采草药煎给父亲喝，诚意可感，可是究竟毫无效果。不久忽然传来谣言，说杭州寓所被日军焚毁，陈胜德也遇难。父亲听了忧心如焚，后悔不当为身外之物，留下陈胜德冒险看顾。重大的打击，使他咳嗽

加剧。次日忽然发现胡云皋走了。他留下一信禀告父亲，为了替父亲杭州的住宅一探究竟，也为了亲如兄弟的陈胜德存亡确信，他一定要回杭州去看看，希望能带了平安消息归来。可是他一走就音信杳然，据传亦被日军所害。从那以后，我永远没有再见陈胜德和胡云皋这两位忠实的朋友。幼年时代，他们照顾提携过哥哥和我，哥哥才十岁就弃我而去，他们二人都死于战乱，眼看父亲身体又日益衰弱，忧愁和悲伤使我感到人世的无常。但父亲尽管病骨支离，对我的教诲却是愈益严厉。病榻之间，他常口授《左传》《史记》《资治通鉴》等书，要我不仅记忆史实，更要体会其义理精神，并勉我背诵《论语》《孟子》《传习录》《日知录》，可以终生受用不尽，《曾国藩家书》与《饮冰室文集》亦要熟读。他说为人为学是一贯道理，而敦品励行尤重于学业。他说自己身为军人，戎马倥偬中，总不离这几部书，而一生兢兢业业，幸未为小人之归者，亦由于能时时以此自勉。父亲的教诲，使我于后来多年的流离颠沛中，总像有一股力量在支撑我，不至颠仆。可是我不是个潜心做学问的人，又缺乏悟性，碌碌大半生，终不能如先人之所望，内心实感沉痛。

　　父亲是一位是非感强烈，而且极具判断力的人。记得在抗战之初，他对我们说，这是一场长期而且艰苦的奋斗，蒋委员长的决定对日宣战是百分之百正确的，正义终必获胜，叫我们不要悲观、恐惧。他对于国军所采的战略之正确以及日本军阀的必不能持久，早有独到的看法。父亲的一位好友，叹佩父亲实在是位不可多得的军事家。我忽然想起念中学时，历史课本上曾有父亲的名字（父亲讳国纲，字鉴宗）。父亲叹了口气，调侃似的说："这实在是一生恨事。幸得在整个的一段战争史上，我究竟只是个微不足道的人物。"他想起只有一件事，倒是使他私心稍感安慰的。

孙中山曾嘱蒋介石派一位军官，和父亲商议，希望在革命军北伐时，他能协助顺利通过他驻守的防线。父亲慨然答应，并深悟兄弟阋墙对革命的阻力而毅然退休。父亲真可说是从善如流的勇者。他逝世时，蒋介石（当时任委员长，驻江西南昌）曾赐题"我思故人"四字，并赠挽联云："大将令终天所靳，急流勇退古称难。"父亲正确的抉择，使他晚年得到心灵上的平安。我也体父亲一生急公好义之心，于战乱中秉承他老人家遗命，将故乡与杭州寓所两处藏书，于仓皇中分别捐赠永嘉籀园图书馆与杭州浙江大学，俾借大众之力，得以保全。但如今这近万卷的藏书，命运如何，就不得而知了。

父亲为顾念亲族与邻里中子弟的学业，特在山乡庙后老家的祠堂里办了一所小学，供全村儿童免费上学，连书本都是奉送的。老师个个教学认真，庙后小学驰名遐迩，还得到永嘉县政府的褒奖。我妹妹就是该小学毕业的高才生。

父亲在病榻上曾对我说："乱离中最宝爱的东西是心情上最重的负担。但到了不得不割舍的时候也只有割舍。比如书吧！那是比珠宝金银都宝贵万万倍的，但也是最先必须割舍的。你如肯读书，将来安定以后，可量力再买；如不爱读书，即使拥有满屋图书，也都不是真正属于你的。"

父亲去世于抗战翌年农历六月初六日，正和他的生辰同一天，真是不幸的巧合。当天清晨，他于呼吸困难中低声地问，佛堂前和祖宗神龛前香烛是否都已点燃，母亲答已都点了。他又说，你们都高声念经吧！再没吩咐什么，就溘然长逝了。父亲的好友说他虽享年不及六十，但能与荷花同生日，依佛家说法，仍有难得的因缘与福分。所以，他的挽联有云："六六生六六逝，佛说前因。"母亲因悲痛过甚，亦于三年后追随父亲而去。

那一片凄凉苍白，至今犹在眼前。而我的锥心之痛，却是与日俱增。因为大陆上双亲灵柩，竟是至今未能安葬。托亲友由国外辗转打听来消息，父亲棺木竟被大水冲走。灵骨是否由至亲收藏，都不能确知。想父亲一生待人仁厚，处事中正和平，逝世数十年，竟至奄岁未安，这都是我们做人子女者的不孝和罪孽。在抗战胜利之初，何以未能使先人入土为安，只因父亲生前比较重视住宅的舒适，所以想觅一块风景好的坟地，建筑一座他老人家满意的坟墓，亦是慎终追远之意；谁知内战顿起，一时措手不及，便仓皇来台。父亲固然预知抗战必胜，而胜利后会有变故，实非他始料所及。

髻

母亲年轻的时候，一把青丝梳一条又粗又长的辫子，白天盘成了一个螺丝似的尖髻儿，高高地翘起在后脑，晚上就放下来挂在背后。我睡觉时挨着母亲的肩膀，手指头绕着她的长发梢玩儿，双妹牌生发油的香气混合着油垢味直熏我的鼻子，有点儿难闻，却有一份母亲陪伴着我的安全感，我就呼呼地睡着了。

每年的七月初七，母亲才痛痛快快地洗一次头。乡下人的规矩，平常日子可不能洗头。如洗了头，脏水流到阴间，阎王要把它储存起来，等你死了后去喝。只有七月初七洗的头，脏水才流向东海去。所以一到七月七，家家户户的女人都要有一大半天披头散发。有的女人披着头发美得跟葡萄仙子一样，有的却像丑八怪。比如我的五叔婆吧，她既矮小又干瘪，头发掉了一大半，却用墨炭画出一个四四方方的额角，又把树皮似的头顶全抹黑了。洗过头以后，墨炭全没有了，亮着半个光秃秃的头顶，只剩后脑勺一小撮头发，飘在背上，在厨房里摇米晃去帮我母亲做饭，我连看都不敢冲她看一眼。可是母亲乌油油的柔发却像一匹缎子似的垂在肩头，微风吹来，一绺绺的短发不时拂着她白嫩的面颊。她眯起眼睛，用手背拢一下，一会儿又飘过来了。她是近视眼，眯缝眼儿的时候格外的俏丽。我心里在想，如果爸爸在家，看见妈妈这一头乌亮的好发，一定会上街买一对亮晶晶的水钻发夹给她，要她戴上。妈妈一定是戴上了一会儿就不好意思地摘下来。

那么这一对水钻夹子，不久就会变成我扮新娘的"头面"了。

父亲不久回来了，没有买水钻发夹，却带回一位姨娘。她的皮肤好细好白，一头如云的柔发比母亲的还要乌，还要亮。两鬓像蝉翼似的遮住一半耳朵，梳向后面，绾一个大大的横爱司髻，像一只大蝙蝠扑盖着她后半个头。她送母亲一对翡翠耳环。母亲只把它收在抽屉里从来不戴，也不让我玩，我想大概是她舍不得戴吧。

我们全家搬到杭州以后，母亲不必忙厨房，而且许多时候，父亲要她出来招呼客人，她那尖尖的螺丝髻儿实在不像样，所以父亲一定要她改梳一个式样。母亲就请她的朋友张伯母给她梳了个鲍鱼头。在当时，鲍鱼头是老太太梳的，母亲才过三十岁，却要打扮成老太太，姨娘看了只是抿嘴儿笑，父亲就直皱眉头。我悄悄地问她："妈，你为什么不也梳个横爱司髻，戴上姨娘送你的翡翠耳环呢？"母亲沉着脸说："你妈是乡下人，哪儿配梳那种摩登的头，戴那讲究的耳环呢？"

姨娘洗头从不拣七月初七。一个月里都洗好多次头，洗完后，一个小丫头在旁边用一把粉红色大羽毛扇轻轻地扇着，轻柔的发丝飘散开来，飘得人生起一股软绵绵的感觉。父亲坐在紫檀木榻床上，端着水烟筒噗噗地抽着，不时偏过头来看她，眼睛里全是笑。姨娘抹上三花牌发油，香风四溢，然后坐正身子，对着镜子盘上一个油光闪亮的爱司髻，我站在边上都看呆了。姨娘递给我一瓶三花牌发油，叫我拿给母亲，母亲却把它高高搁在橱背上，说："这种新式的头油，我闻了就反胃。"

母亲不能常常麻烦张伯母，自己梳出来的鲍鱼头紧绷绷的，跟原先的螺丝髻相差有限，别说父亲，连我看了都不顺眼。那时姨娘已请了个包梳头刘嫂。刘嫂头上插一根大红签子，一双大脚丫子，托着个又矮又胖的身体，走起路来气喘吁吁的。她每天早上十点钟来，给姨娘梳各式各样的头，什么凤凰髻、羽扇髻、同心髻、燕尾髻，常常换样子，衬托着姨娘细洁的肌肤、袅袅婷婷的水蛇腰儿，越发引得父亲笑眯了眼。刘嫂劝母亲说："大太太，你也梳个时髦点的式样嘛。"母亲摇摇头，响也不响。她噘起厚嘴唇走了。母亲不久也由张伯母介绍了一个包梳头陈嫂。她年纪比刘嫂大，一张黄黄的大扁脸，嘴里两颗闪亮的金牙老露在外面，一看就是个爱说话的女人。她一边梳一边叽里呱啦地从赵老太爷的大少奶奶，说到李参谋长的三姨太，母亲像个闷葫芦似的一句也不搭腔，我却听得津津有味。有时刘嫂与陈嫂一起来了，母亲和姨娘就在廊前背对着背同时梳头。只听姨娘和刘嫂有说有笑，这边母亲只是闭目养神。陈嫂越梳越没劲儿，不久就辞工不来了。我还清清楚楚地听见她对刘嫂说："这么老古董的乡下太太，请什么包梳头呢?"我都气哭了，可是不敢告诉母亲。

从那以后，我就垫着矮凳替母亲梳头，梳那最简单的鲍鱼头。我踮起脚尖，从镜子里望着母亲。她的脸容已不像在乡下厨房里忙来忙去时那么丰润亮丽了，她的眼睛停在镜子里，望着自己出神，不再是眯缝眼儿的笑了。我手中捏着母亲的头发，一绺绺地梳理，可是我已懂得，一把小小黄杨木梳，再也理不清母亲心中的愁绪，因为在走廊的那一边，不时飘来父亲和姨娘朗朗的笑语。

我长大出外读书以后，寒暑假回家，偶然给母亲梳头，头发捏在手心，总觉得愈来愈少。想起幼年时，每年七月初七看母亲乌亮的柔发飘在两肩，她脸上快乐的神情，心里不禁一阵阵酸楚。母亲见我回来，愁苦的脸上却不时展开笑容。无论如何，母女相依的时光总是最最幸福的。

在上海求学时，母亲来信说她患了风湿病，手膀抬不起来，

连最简单的螺丝髻儿都盘不成样，只好把稀稀疏疏的几根短发剪去了。我捧着信，坐在寄宿舍窗口凄淡的月光里，寂寞地掉着眼泪。深秋的夜风吹来，我有点冷，披上母亲为我织的软软的毛衣，浑身又暖和起来。可是母亲老了，我却不能随侍在她身边，她剪去了稀疏的短发，又何尝剪去满怀的悲绪呢！

　　不久，姨娘因事来上海，带来母亲的照片。三年不见，母亲已白发如银。我呆呆地凝视着照片，满腔心事，却无法向眼前的姨娘倾诉。她似乎很体谅我思母之情，絮絮叨叨地和我谈着母亲的近况，说母亲心脏不太好，又有风湿病，所以体力已不大如前。我低头默默地听着，想想她就是使我母亲一生郁郁不乐的人，可是我已经一点都不恨她了，因为自从父亲去世以后，母亲和姨娘反而成了患难相依的伴侣，母亲早已不恨她了。我再仔细看看她，她穿着灰布棉袍，鬓边戴着一朵白花，颈后垂着的再不是当年多彩多姿的凤凰髻或同心髻，而是一条简简单单的香蕉卷。她脸上脂粉不施，显得十分哀戚。我对她不禁起了无限怜悯，因为她不像我母亲是个自甘淡泊的女性，她随着父亲享受了近二十年的富贵荣华，一朝失去了依傍，她的空虚落寞之感，将更甚于我母亲吧。

　　来台湾以后，姨娘已成了我唯一的亲人，我们住在一起有好几年。在日式房屋的长廊里，我看她坐在玻璃窗边梳头。她不时用拳头捶着肩膀说："手酸得很，真是老了。"老了，她也老了。当年如云的青丝，如今也渐渐落去，只剩了一小把，且已夹有丝丝白发。想起在杭州时，她和母亲背对着背梳头，彼此不交一语的仇视日子，转眼都成过去。人世间，什么是爱，什么是恨呢？母亲已去世多年，垂垂老去的姨娘，亦终归走向同一个渺茫不可知的方向，她现在的光阴，比谁都寂寞啊！

　　我怔怔地望着她，想起她美丽的横爱司髻，我说："让我来替你梳个新的式样吧。"她愀然一笑说："我还要那样时髦干什么，那是你们年轻人的事了。"

　　我能长久年轻吗？她说这话，一转眼又是十多年了，我也早已不年轻了。对于人世的爱、憎、贪、痴，已木然无动于衷。母亲去我日远，姨娘的骨灰也已寄存在寂寞的寺院中。这个世界，究竟有什么是永久的，又有什么是值得认真的呢？

双　亲

　　卧室五斗橱上，并排儿摆着父亲和母亲的两张照片，父亲穿一件白夏布长衫，右手腕套着念佛珠，微笑中带一丝严肃。母亲穿的是灰绸旗袍，双手捏着一把小小折扇，身旁小几上摆着一盆兰花，是她全心为供佛培养的素心兰。因为母亲的名字叫梦兰，是新婚时父亲为她取的。

　　事实上，父亲穿这样潇洒长衫的时日，是他住在离母亲遥远又遥远的北京。享受着退休后的悠闲岁月，身边陪伴的是如花的姨娘。母亲呢？带着我住在故乡，朝朝夕夕、望眼欲穿地盼着父亲的信。

　　母亲忙家务，忙厨房工作，照顾长工们的饮食，终年穿的是粗布衫裤，她穿上这件唯一的旗袍，是为遥祝父亲六月初六的生辰，拍了照打算寄去北京，想了又想却没有寄，只把她和父亲的照片一起收在床边小几抽屉里。每晚临睡时，捧出来就着微弱的菜油灯光，眯起近视眼左看右看，嘴里低声喃喃着："怎么都不大像了呢？……"

　　现在，我把双亲的照片并排儿摆在一起，每日早晚向二老恭恭敬敬地膜拜。想想他们一生也没有这样笑眯眯地站在一起过，我却虔诚默祝他们在天之灵，永远相依相守，幸福无边。

再哭一点点

妹妹从加州打电话来，悲泣着告知我，她久病的老伴走了。我惊骇得不知如何安慰她才好。她却勉强忍住呜咽说："他走得很安详，一点没有痛苦，我服侍他这许多年，也安心了。姊，这就是人生啊！"我捏着话筒，只颤声地说："你要多多保重，路途遥远，我为风湿所苦，无法去陪伴你。"第二天，我很不放心地打电话去问她情况。她平静地说："一切都安排好了。儿媳们都已回到我身边，倒是觉得家里比以前热闹些。我已经想开了，姊姊千万不要为我挂心。"

她转以轻松的语调继续说："我在忙着照顾两岁的孙儿，他真是可爱又顽皮，他妈妈打了他两下屁股，他就坐在地上一直哭，不肯起来。我搂着他说：'宝宝不要哭嘛，你哭得奶奶好心烦。'他抹着鼻涕眼泪说：'哦，我不要哭，但我忍不住呀，奶奶，让我再哭一点点好吗？'听得我好心酸，想想我和老伴相依相守这一辈子，如今他先走了。我生怕小辈们不放心，不得不忍住眼泪，但我也真想再哭一点点啊！"

我默默地听着，止不住泪水涔涔而下。想起妹妹幼年时，胖嘟嘟的，穿一身红花布衫裤，人见人爱。父亲病危时，全家人心情慌乱，没有好好照顾她，她只好一个人在院子里寂寞地玩皮球。看见我这个比她大十六岁的姊姊走近她时，马上张开双臂喊："姊姊，抱抱。"父亲逝世的那一刻，母亲抱她到床边，她哭着喊：

"爸爸，爸爸为什么不理我？我要吃爸爸的奶油饼干。"家人为她脱去红花衫裤，换上素服，她又哭闹着："我要穿红花衫裤，爸爸说我好漂亮。"

岁月已逝去半个多世纪，穿红花衫裤的胖女娃儿，如今已是拥抱孙儿的祖母了。

想起悠悠往事，我也怎忍得住不再哭一点点呢？

爱的启示

旅居生活，总算幸运地不止获得"浮生半日闲"。平时除了阅读书报杂志，写稿写信盼信之外，看电视也是排遣愁怀的好方法之一。美国的电视台多如牛毛，节目繁盛。你若有"不眠不休"的精神，日夜二十四小时任君选看。当然，许多智识性、社会性的专题访问、报导节目，是人人都不愿放过的。我为了节省时间与顾到眼力，也为了使自己"不动心"，总是尽量控制自己，不看惊心动魄的侦探或暴力单元剧，以及荡气回肠的古老长片。但是逗得人满心欢乐的喜剧与儿童节目，仍然舍不得放弃。他们的喜剧，编得自然活泼，笑完了常让你再想一想，尤其大部分总有一个可爱的孩子，逗你笑中涌上泪花。至于儿童节目与木偶戏，那更是叹为观止，也使你拾回童心，使你忘忧，使你觉得世界是如此的光明美好，人间洋溢着一片祥和的爱。所以我常常在早上选一个儿童节目看，使我一天都有愉快心情可以工作。尤其是他们的公共教育电台，不插一个广告，尤为清新可喜。此外，我也在中午进餐时，一个人静静地收看一小时所谓的肥皂连续剧，尽管剧情有时荒谬不经得离谱，情节牵扯到无边无际，正如我乡俗语说的："丝瓜藤攀上了牵牛花。"可是每个演员都有精湛的演技，对话、动作都极自然生动。对自己所担任的角色，都扮演得惟妙惟肖，丝丝入扣。因此故事即使不合常理，也就不太计较了。他们的好处是没有只捧一二大牌的"明星制度"。各人的戏份都很

平均，谁演哪一个角色，逢到谁的戏，就把那一段演得十分卖力称职。这一点，与我们台湾各电视台的"主角制度"不同。我想只要不捧角，各人戏份均匀，谁也不能耍脾气，而演出"泪洒摄影棚"的插曲了。你如想跳槽，立刻就有别人可以代替。如此则人人皆主角，人人有发挥的余地，就可大量培养好演员了。

这里的连续剧为了适应家居的中老年妇女，总是尽量地通俗化、趣味化。但从中也可以透视美国妇女对恋爱、婚姻的态度，职业与家庭兼顾的适应，老一辈与年轻一代思想的沟通，以及青年男女对性的好奇与困惑。如果能从这些角度去看，来与自己国家作个比较的话，也未尝不是"开机有益"呢！尤其有些情节的片段，也编得合情合理，非常感人，不但刻画出人性的一面，也透露出青少年心态问题的严重，有时我边看边往下猜情节，往往也可以训练自己的想象力呢。

我看过一段有关少女不正常心态的剧情。一个十七八岁的少女，父亲抛家出走，母亲因生活压力，性格变得很暴戾。她身心备受创伤，非常抑郁自卑。一个知己同学很同情她，每逢母亲大发雷霆时，她都躲到这个同学家来住。同学的父亲是位正直、负责、仁慈的医师，她母亲早死，后母也走了。父亲对爱女的同学也很照顾。日久之后，她对这位中年医生竟起了爱慕之心；而医生懵然不知。经女儿提醒以后，他特地约她到医院办公室，想好好开导她。他认为办公室比较严肃，比家里好谈这问题。没想到女孩误会了，以为他有意避开女儿，对她表示爱意。她一时感情无法控制，竟说出她爱他，并认为他也爱她的傻话。他们的谈话，被一个早想扳倒他的医生所闻，立刻拉了院中医生护士来看。此时女孩情绪激动到疯狂程度，反咬医生引诱了她。老成的护理长把女孩劝开以后，女儿赶来了。哭着问："爸爸，真有这回事吗？"

父亲闭紧嘴，默默地把女儿搂在怀中，只低低地说："宝贝，不要担心，事情一定会澄清的。"女儿仰脸望着父亲忧伤的脸说："爸爸，我相信您，我好爱您。"当她要去责备同学时，父亲却说："不要责备她，这不是她的错，因为她心理上有病。在这时，你要格外同情她、照顾她。她缺少父母的爱，只有你是她的朋友了。宝贝，听我的话。"女儿点点头说："爸爸，我懂，我一定听您的话。爸爸我好爱您。"

这一段话，简短真挚，父女演来真是生动感人。相信编剧者是有相当的情操的。因为他不着意渲染，却启示了爱心的重要。

又有一次，我看到这么一段情节。一个离婚的少妇，为了适应新环境，暂时把襁褓中的爱女寄养在丈夫的母亲家中，可是有一天，孩子不见了。她五内如焚，只好去电视台对大众广播，声泪俱下地恳求抱走她孩子的人，把孩子还给她，她愿出最高的报酬，绝不控告他。马上就有一个妇人，在电话中带哭声地向她承认孩子是她抱走的，因受到她的感动，愿意把孩子还给她。她欣喜若狂地等待着。但当那妇人把孩子递到她怀中时，她打开毛毯一看却不是她的孩子。她责备她为何要欺骗。妇人哭着说："太太，求求你收留她吧，我实在太穷，养不起她。你这么爱孩子，有你这个妈妈，她会幸福的。"她却诚诚恳恳地说："你错了。孩子要的是亲生母亲的爱，而不只是面包牛奶，你再贫穷，也要抚养她长大。你把她送给别人，将会后悔一辈子的。何况我已失去自己的孩子，再也不能使别人失去孩子了。"

这一席话，说得好感人，两个母亲哭成一团。她想给那妇人钱时，她拒绝了，只静静地抱着孩子走了。

这么一段简单的情节，不过是小小插曲，却是催人热泪。相信编写这一段台词的作者，一定是深深懂得母爱的伟大的。

对于肥皂连续剧，我有兴趣时就这么"断章取义"地看，看到不合理的就换一个电台，好在他们的人物多、进展慢，轮流间断地看，也可以连贯得起来。不像长片非得一口气看完，耗费时间就太多了。

收看专题报导节目，多少可以了解美国的社会情态，与种种问题。有一次我偶然看到一个谈青少年自杀问题的专访，题目是"死得太早了"（Too young to die）。

主持人是一位电视台记者。他说美国近年来自杀人数比率愈来愈高，尤其是青少年，是一件值得人忧心的事。他请了牧师、心理学家、医师、家长与青年学生，还有曾经自杀而醒悟的人来现身说法。当牧师与心理学家到一所中学校作调查时，叫大家俯下头，且举手表示。有多少人曾动过自杀的念头，几乎全班学生都举手。再问有多少人曾试过自杀，也有将近一半的人举手。有一个切腕自杀被救的人，背着镜头倾诉他自杀的动机，与重生后的心情。使人感慨万千。他说他当时只觉得一切都毫无意义了。读书、交女友、声色犬马都厌了。"这种厌倦比疾病还痛苦，比饥饿还难挨。"他说。听来叫人不寒而栗。这个孩子的父母双全，学校也是好学校，师长同学们对他都很好，却为什么会有这种自戕的念头？令人百思不得其解。专家们讨论着，他们的看法是：一、父母亲太忙，儿女们感到家庭疏离，精神空虚。二、物质的要求，得来太易，官能的享受已到麻木程度，再也没有什么够刺激的事了。三、科技的发达，使心智未成熟的孩子们，失去了对宇宙人生与生命的崇敬之心。四、读书的压力与毕业后就业问题的困扰。五、性爱的泛滥。六、先天生理与心理上的缺陷。最后的简单结论是：父母师长要多多关怀孩子。爱护他们，启迪他们。社会人士要发挥"幼吾幼以及人之幼"的同情心。只有常说的 LTC

（Love Tender Care）才能使孩子们快乐健康，走上正常道路。美国是个福利国家，对老年人的照顾，可说无微不至。对孩子们的爱护重视，也是有目共睹的。当我看儿童节目，以及在博物馆中看到老师带着一群孩子，在现场讲伟人故事，讲最新科学知识，以及欣赏虫鱼鸟兽时，谆谆诲导的神情，孩子们健康活泼的情态，无论如何也难想象，这些幸福的孩子长大以后，会有犯罪、吸毒、自杀等事情。可见得这不是某一个国家的单独问题，而是现代文明中究竟缺少了一些什么之故吧？我不是教育家与社会学家，真是感到十分的茫然。

回看台湾，尚感欣幸的是问题还没这么严重。但有心人已时常提出警告，例如"钥匙儿童"、"妈妈回家做晚饭"、"爸爸回家吃晚饭"等的呼吁，也就是对孩子们的 Love Tender Care 了。尤其是各电视台制作的爱心、教育等节目，都是煞费苦心。对儿童、学生与家长们，应都有很大裨益的。

每天上午九时，NBC 电视台有非常受欢迎的费尔·唐纳荷（Phil Donahue）主持的极富娱乐性又具社会性、知识性的好节目。有一次，我看他访问一本书的作者，书名是 Children of War（可译为《战火孤雏》吧）。作者说的几句话我永不能忘记。他告诉费尔写此书的动机说："有一天，我看一个孩子在哭，我问他为什么哭，他说：'哭我失去的父母。我一想起他们在炮火中死去的样子，我会哭一辈子的。'听了他的话，我也哭了。我抬头看太阳从东边升起，照在他的脸上，看他是那般的悲苦无助。想到自己的孩子，也被同一个太阳照着，却是温饱幸福。我顿悟这个地球原是圆的，同一个太阳照着全人类，全世界的儿童应当同样享受幸福。因此我动念写这本书，报告战争孤儿的不幸，唤起人类为和平而努力。"真是说得好诚恳感人。

费尔同时请来许多因战争丧失父母的孤儿。他们大部分是十几岁的孩子，也有八九岁的，可是他们脸上都似乎余悸犹存，一副饱经忧患的神色。现场观众都纷纷对他们发问：

"你们不幸成为孤儿，你们恨谁呢？"

"我恨引导战争的政府。"一个较大的男孩说。

"你现在最希望的是什么呢？"

"我已经没有父母了，我只希望和平。"

"我希望自己长大以后，能为和平而努力。"又有一个接着回答。

"你能信任我们的政府吗？"

"信任，只要能有爱好和平的人领导。"一副大人的口气。

"可是如果一直制造枪弹大炮，战争就永不会停止。"又一个似乎愤愤地说。

"你们很怕再有战争吧？"

"我当然不愿再有战争，但我并不怕战争。也许为了保护自己，仍旧非战争不可。"语气非常肯定。

他们一个个地回答，都是那么老成，一点也不像十几岁的孩子，也许是残酷的战争使他们的身心早熟了。

一位妇人以十二分同情的口吻对他们说："但愿你们在我们国家能享受和平与幸福。我们国家的孩子真是太幸福，也都被宠坏了。他们连打雷都怕呢。你们也怕打雷吗？"

一个忧伤的女孩说："战争比打雷怕多了。打雷时，我可以躲到父母亲怀抱里，可是战争却夺去了我的父母，叫我躲到哪里去呢？"

听得人好心酸。足见童子心灵，受创之深了。

我非常敬佩这位作家，写了这本报导战争中孤儿的书。他真是一位有爱心的人。我也希望美国这个居世界领导地位的大国，能够一直有仁者、智者在位，以正确的外交途径，争取真正的和平。那不仅是美国之福，亦是举世之福啊。

母亲节礼物

我手上戴着一枚透明红宝石戒指，工作时，望着它闪闪发光，煞是可爱。整整一年了，它戴在我手上，它是一件母亲节的礼物，是去年的母亲节，我把它套在自己手指上。因为，它是我自己为自己买的一件母亲节礼物。

为什么我要为自己买一件母亲节礼物呢？是因为儿子没有在身边，他去了遥远的国外。三年了，他从不记得（也许根本没想起来）给他的母亲寄一张卡片，更莫说礼物了。

他幼年时，每逢母亲节，他都会爬上我怀里，把幼儿园老师教他做的康乃馨，用小胖手摇摇晃晃地插在我前襟的扣子上；然后亲一下我的脸颊。念中学以后，他也在每年的母亲节，给我做一张贺卡，歪歪斜斜地写上"祝亲爱的妈妈快乐"。直到有一年，他用了一夜的工夫，用火柴棒搭成"快乐"两个立体的字，送给我作为母亲节礼物以后，他就再也没有把母亲节放在心上了。难道，这就表示他长大了吗？小时候，他傻乎乎的说过："妈妈，您不要老，等我长大，我们一同老。"初中他住校了。给我的信中，他写道："妈妈，我好想家，好想您，一想到您，您就音容宛在。"他又说："爸爸带我散步，我们手牵手，脚并脚，我们父子手足情深。"他就是那么满腹经纶，成语用得如此的"恰当"，使我看得又笑又哭。

可是现在，他远在异国，逢年过节不来信，平时更不来信。

朋友们告诉我，曾经多次看到他，很健康快乐的样子。他们说，没有消息就是好消息，叫我放心。我自然放心，我有什么不放心的呢？曾经有人说过："儿子小时候是你的，长大了就不是你的了。"也有人说过："孩子小时候踩在你脚尖上，长大了就踩在你心尖上，如果你感到痛，那就是你太脆弱了。"

我真的是脆弱吗？不，我的心尖虽常感到一阵阵的痛，但我并不掉泪。因为，儿子虽忘却母亲，却有更多我可爱的小读者们给我来信。他（她）们有的喊我奶奶、有的喊我阿姨、有的就喊我妈妈。我拥有那么多的爱，我自然很感动。

憩坐间的玻璃橱里，摆满了各色各样可爱的小玩意，那都是学生和读者送我的。每一样礼物，都伴着一份丰厚的情谊。抚摸着它们，我有着满心的感谢和欢乐，又何必老记挂着儿子没有信，没有寄母亲节贺卡或礼物呢？

自然，玻璃橱里仍然摆着儿子为我用火柴棒搭成的"快乐"二字。它虽已歪歪倒倒了，火柴头的粉红色，也早已褪得看不清了，可是它究竟是儿子亲手为我做的，我将永远宝爱它，那就很够很够了。

我母亲在我少女时代时，就对我说过："一代管一代，茄子拔掉了种芥菜。你现在年纪还小，还恋着母亲，再长大一点，你就不在乎了。"母亲说这话时是笑嘻嘻的，好像把亲子之情看得很透彻。可是我到远地念大学时，却无时无刻不想念母亲。大学毕业，母亲就去世了。我一生抱恨终天，未曾能尽反哺之心，孝顺母亲。现在我才知道，为何时常感到心头酸楚，并不只为思念儿子，更是因为悼念母亲。

母亲！您说的"一代管一代，茄子拔掉了种芥菜"并不尽然啊！您逝世四十多年了，我总在思念您，想到您如还健在该有多

好？我会如何地逗您快乐，让您享点晚福。母亲！如今的时代不同了。下一代可以不要我，可是我却无时无刻不在追念您的抚育之恩。

我手指上的戒指，又在灯下闪闪发光。如果母亲您在世的话，我一定是把它套在您手指上，喊一声："亲爱的妈妈，祝您母亲节快乐。"

碎了的水晶盘

我爱亮晶晶的小玩意，水钻别针、戒指，以及一切小摆饰之类的，怎么土气、怎么俗气都没关系，只要是亮晶晶的就好。别在前襟，套在手指上，摆在桌上或书柜里，都是越看越可爱，因为其中包含了无限温馨的友情，和许许多多遥远的怀念。

怀念中，却也有非常懊恼的。因为一包亮晶晶的水晶盘碎片，由于几度搬迁，竟然不知去向了。

只因那些碎片无法拼合，更不能摆出来，所以格外宝爱地把它们包起来，收在一个安全而又容易发现的地方。因为我时常要取出来看看，想想那一段与水晶盘有关的故事，如今却找不到了。可是水晶盘在我心中永远是玲珑剔透而完整的，因为它原来的主人是那么一位贤淑美丽的好女子。

她是一位异国的少妇，我却是喊她三叔婆的。她郑重地把它托付给我，要我转给三叔公。我却没有把这件事情办好，辜负了她的叮嘱。水晶盘被砸得粉碎了，不是我不小心砸的，而是三叔公的另一位太太砸的。三叔公默默地俯下身去，拾起再也无法还原的碎片，递给了我，我也默默地接下来。不知道他的心当时有没有碎。

三叔婆呢？带着碎了的心回到她自己的国家——南美洲的巴西去了。屈指算算，已经是半个世纪以前的事了。她假使还健在的话，也是白发皤然的老妇人了。

　　那一年我暑假回家乡，第一次见到三叔婆，她正是二十多岁的少妇，碧眼高鼻和金黄柔发虽然很美，却仍然引起山乡人的好奇心。我已在教会学校念书一年多，见过好多母亲所谓的"番人"，但是面对着这位要喊她三叔婆的妙龄番人，我也期期艾艾地有点胆怯，喊不出来。可是她是三叔公的娇妻，应该是名正言顺的叔婆。三叔公也是才三十出头的英俊男子。他们一房人丁不旺盛，所以他年纪轻轻的，辈分却好大，我们家乡称这种辈分叫做"水牛背"。

　　"水牛背"的三叔公，在那个时代就开风气之先，远渡重洋，去南美洲经商，更开风气之先地娶了一位巴西少女。她给他生了个又壮又活泼的儿子。儿子长大到五岁时，三叔公由于老母的催促，动了思归之念。把妻儿带回自己的家乡，一直带到穷乡僻壤的山村，拜见老母。

　　老母双目半盲，随时得有人搀扶伺候。她想念自己从年轻时守寡、辛苦抚养长大的儿子，也高兴他已为她生了孙子，可是不能接纳的是这个番邦儿媳。当他们双双在母亲面前拜下去时，老人家身边就站着一位精明干练的外甥女，是她早已认定要做自己的儿媳、却被三叔公忘得一干二净的老小姐。

　　说起来，他们并没有青梅竹马的童年。三叔公从小就志在四方，在山乡祠堂小学念了几年书，就跑到城里去学生意。父亲去世了，母亲的眼睛哭成了半瞎，他不是不内疚，可也许是由于他太不喜欢像个小老太婆的表姊吧，他宁可背负不孝之名，辗转地出了国门，远适异国而去。我如今想起来，所谓的"代沟"和青少年为自己的理想与婚姻自由而反抗含辛茹苦的长辈，真是自古已然，于今为烈吧。

　　想想三叔公要说服妻子抛开出生长大的家园，远别亲人，投奔一个完全陌生的东方国度，如果不是她对丈夫坚贞的爱和不可割舍的母子之情，她怎能有这一分勇气？也真钦佩她，嫁了一个中国丈夫，就会有中国旧时代"嫁鸡随鸡、嫁狗随狗"和对长辈必须尽孝的道德观念。

听母亲说，她一进山村老屋的大门，所有的长辈妯娌就没有给过她好脸色看。言语不通，习俗不同，尤其增加她的痛苦。但她总是委曲求全，低首小心地试着走进黑漆漆的厨房，帮忙洗碗起火，却被声色俱厉的瞎子婆婆敲着拐杖，喝令她快快滚开。吓得她跪在泥地上哀求，都不能获得一丝谅解。婆婆多年来的怨气都出在她身上，认为是她拴住了儿子久客不归。身边那个一直爱着表弟、伺候姨母、克尽儿媳之道的表姊，更把她看成眼中钉。

母亲叙述到这里，长长地叹了口气说："也不能怪她，在我们这种乡下地方，一个姑娘过了三十不嫁，还能有什么打算，别人又会用什么眼光看你呢？"

"您是比较同情她的啰！"我忍不住问。

"我只觉得她傻得可怜。换了我，就出家当尼姑去。"

"我却同情这位巴西叔婆，她是无辜的。"

"三个女人都是无辜的。若我是老太太，当然也疼自己外甥女。不过她不该强迫儿子叫她走，又强留下孙儿，硬生生拆散母子；又怂恿外甥女百般欺凌她，甚至用柴棒打她，她受不了苦，才逃到我们家来了。"

"有这样不讲理的事！那么三叔公呢？"

"他就像变了个人，再也没有当年敢做敢为的勇气了。见了老母，结结巴巴说不出话。他似乎在忏悔多少年来背母远行的罪过，想要以沉默不反抗为补偿。"

"但是他不能让妻子背十字架呀。他应当带妻儿再出走。当年

是怎么决定的，就得自己负责到底。"我气愤地说。

"你不要这么激动，你且看看身受其苦的三叔婆是怎样待她丈夫的，真为她难过啊！"好心肠的母亲，遇到人家婚姻上的挫折，说起来一把眼泪一把鼻涕的，我就知道她自己那颗心有多苦了。不然，她为什么要一个人住在乡下，不去大城市里跟着做官的丈夫享受荣华富贵呢？母亲说："旧式女人总是认命的，像三叔公的表姊那样武则天似的，我也看不来。"看来母亲的心也好乱，她究竟在同情谁呢？

我们谈论着的时候，娴静的三叔婆从房间里慢慢走出来，一手捧着一个小小的盘子，一手捏着一个梨。那个盘子真是玲珑漂亮，一定是外国玻璃的。我当然不会说巴西话，英文也只有初中程度的几个单词。我用家乡话喊她一声"叔婆"，她听了好高兴，端庄地在椅子上坐下来，把盘子放在茶几上，从口袋里取出一把小小折刀，打开来仔细地削梨。母亲告诉我她已经是在削第五个梨了，每天削了切成一片片装在盘子里，等三叔公来吃，三叔公就是没来，她边流泪边把梨分给大家吃了，第二天再削。一天天地等，一天天地落空。她脸上除了伤心失望，没有怨怒。她听得懂一点中国话，我忍不住问她："你为什么不反抗？"她把拳头在后脑勺一放，再指指天，母亲说这是表示"婆婆是天"。母亲居然懂她的"手语"，后脑勺的拳头表示梳髻的婆婆。我恨不得能多与她说话，可是我不会比手画脚，只好以亲善的眼光望着她。

这一天，她当然又是失望了。她不再哭了，微笑着取出一方粉红手帕，把盘子包起来，却递给我，说了简单的两个字："水晶。"我知道她告诉我盘子是水晶的。然后她在口袋里取出铅笔，用英文写给我看，告诉我明天要回去了，请将水晶盘拿给她丈夫。我急得只会说："不要走，请你不要走。"她安详地摇摇头说：

"我要回去看我的妈妈。"虽然是生硬的中国话，可是那一股酸辛，顿时使我泪如雨下。她却没有让泪水流下来，只轻拍我的肩说："谢谢，不要哭。"然后就奔进房间。那一对忧郁中充满了无怨无艾的爱的眼神啊！怎不叫人心碎。

她是由村里天主堂的白姑娘帮忙，带着她进城办回国手续的，狠心的三叔公在她走以前就不曾来过我家。山乡离我家有七十里山路，我也无法去找他。在我将要回杭州时，他才来了。来的却是两个人，他带了那个已经成了他太太的表姊。我究竟太年轻不懂事，为了气她，就急急地将水晶盘取出来，当着她递给三叔公。我说："她天天削梨等你。你不来，这是她叫我给你的。"边上的新太太一把抢过去，把粉红手帕撕开，拿起水晶盘使劲摔在水门汀地上，砸得粉碎。我一下暴跳起来，大声地喊："你太凶了，你好坏，你好坏。"说完大哭起来。母亲奔出来，拉住我，默默地走开了，一句话也没对他们说。我咬牙切齿地说："三叔公太不应该了。自私，懦弱。"

"男人都是这样的。"母亲轻声地说，又幽幽地叹了口气。

我又忍不住跑出来，却看见那个表姊已经走开了。三叔公俯下身去捡碎片，拾起来用那块丝巾包了，再用自己的手帕包一层，竟递给了我。奇怪，他怎么拿给我呢？他连唯一的纪念品都不敢保存吗？我赌气地接下来，却哑巴似的说不出一句话。我也不想对这薄幸的长辈说什么话了。

水晶盘碎片一直由我保管，一直带在身边。如今却忽然找不到了。好心痛，可是想想任何宝贵的纪念品都会有一天离开我，任何沉痛的记忆终会逐渐淡去，忘却。但不知回到巴西后的三叔婆，当时是否哭倒在慈母怀中？她是不是会常常想起在山村受欺凌的那场噩梦，会不会想起一天天削梨摆在水晶盘中、等待丈夫

的情景？我认为，她不会想了。从她当时忧伤的笑容和温柔的眼神中，看得出她从那一刻起，就决心不想了。

可是，我可以断定，她唯一想念的是她五岁的儿子，因为她走的时候只带了他的照片，连她和三叔公的结婚照都留在卧室抽屉里了。

听说我这个混血儿的小叔叔，长大到十多岁，就不告而别。有的说是从军，有的说是万里寻母去了。但愿他们母子能相见，水晶盘虽碎，但慈母之心永远是完整的。母子亲情，岂不远胜飘忽不定的爱情呢？

外公

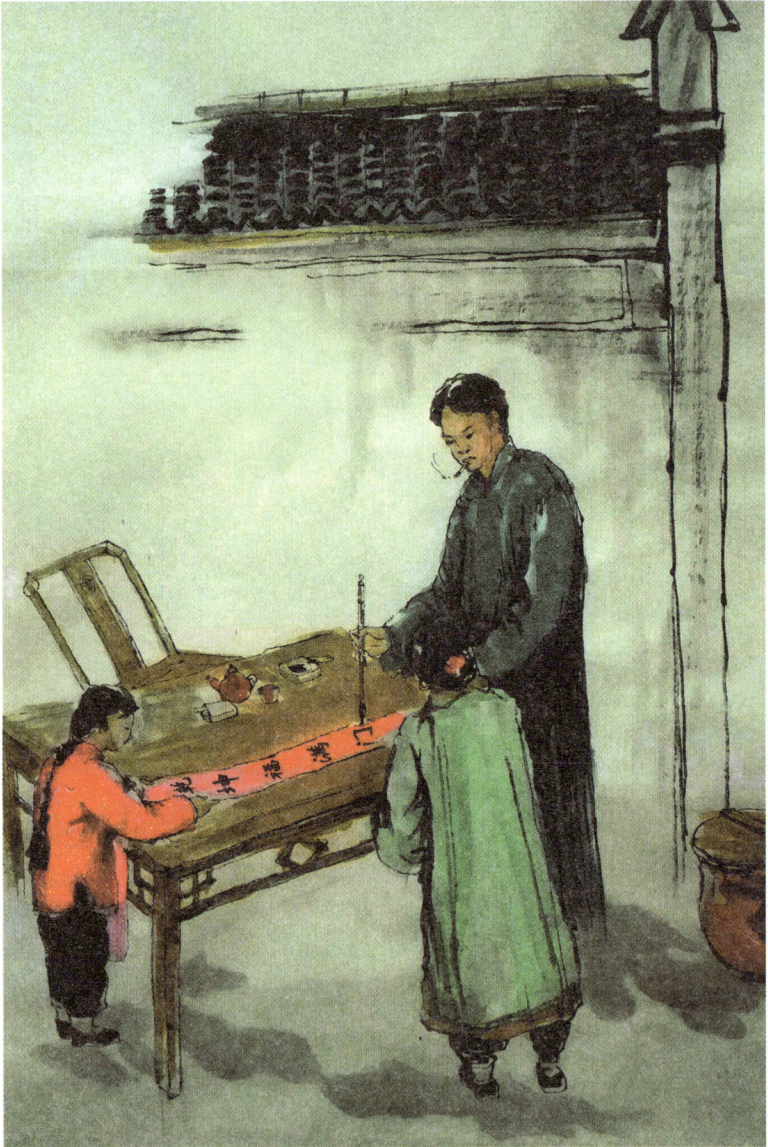

小叔写春联

大红包

　　过新年时，长辈给孩子们的压岁钱是大红包。而在我家乡，小孩子代长辈挨家拜年手拎的礼物，也叫大红包。包的纸又粗又硬，包得有棱有角，外加一层红纸，正面贴上店号名称，用红麻绳扎好。从包的外形、轻重、大小，就可猜得出里面是什么东西，不外红枣、桂圆、莲子、白糖、寸金糖等等，全是小孩子听了垂涎三尺的美味。

　　过年时，母亲就让老长工阿荣伯去街上两间最大的南货店买来两大笭大红包，一字儿排在厢房的长条桌上，等过了正月初二，让我去长辈和邻家拜年当"伴手"（礼物）。我站在桌边，踮起脚尖，把下巴搁在桌面上，一个个认红包上的字眼，猜包里的东西。"王泰生"、"胡昌记"的店名是我早已熟悉的，费心思猜的是里面包的东西。阿荣伯说这两家南货店货色都好，分量又足。其实刚买回来时分量是足的，摆上几天就靠不住了。因为我和大我三岁的小叔会趁大人看不见时，用手指从边上伸进去，挖出桂圆红枣来吃。挖得太多了，小叔就塞些小石子进去。阿荣伯捧起包来摇摇，一样的"咚咚咚"响，就笑嘻嘻地拎着包，牵着我去拜年了。

　　到长辈家拜年都有压岁钱，我好开心。到邻居家就只给两个煮熟的蛋，连声说："元宝、元宝。"我不爱吃蛋，就丢在篮子里提着滚来滚去，催阿荣伯快走。他却总要坐下来慢条斯理地喝一

杯橄榄茶，把橄榄塞在青布围裙口袋里，再抽一筒旱烟。我等得不耐烦，就只好捂着两只耳朵，看小朋友们放鞭炮。

一圈兜回来，我口袋里已装满压岁钱。篮子里也装满了元宝蛋。我抱怨他们为什么不把大红包打开，给我吃红枣桂圆。阿荣伯笑笑说："你要吃石头子儿呀？"原来他已知道我和小叔的戏法，我缩了下脖子，真感谢他没把我们的恶作剧告诉母亲。

其实每家收到大红包都不打开，只把东边家送来的转到西边家，西边家的转到东边家，转来转去，有时会转回原来的一家。小叔和我就曾在大红包上用铅笔偷偷做过记号，认得出哪一个是我们家送出去的。告诉母亲，母亲高兴地说："元宝回来啰！"

如此转完了五天，到初六才打开，分给孩子们吃。小石子也不知是哪一家塞进去的了。大家都说我们潘宅的大红包最扎实，红枣桂圆没有一颗是烂的。我想如果我们不偷吃的话，一定是真正扎实的潘宅大红包，因此心里有点不安。小叔说："你用不着不安。过年嘛，没有一家的孩子不挖大红包里的东西吃的。大人们送来送去，只是礼数，也相互讨个吉利，谁去数里面有几粒红枣几粒桂圆呢！"听他这么一说，我也就安心了。

拎着大红包挨家拜年拿压岁钱的日子已非常非常的遥远了。如今面对百货公司陈列出五光十色的新年礼品，我却越加怀念儿时捧在手里，摇起来"咚咚咚"响的大红包。

爸爸教我们读诗

爸爸是个军人。幼年时，每回看他穿着笔挺的军装，腰佩银光闪闪的指挥刀，踩着"喀嚓、喀嚓"的马靴，威风凛凛地去司令部开会，我心里很害怕，生怕爸爸又要去打仗了。我对大我三岁的哥哥说："爸爸为什么不穿长袍马褂呢?"

爸爸一穿上长袍马褂，就会坐轿子回家，在大厅停下来，笑容满面地从轿子里出来，牵起哥哥和我的手，到书房里唱诗给我们听，讲故事给我们听。

一讲起打仗的故事，我就半捂起耳朵，把头埋在爸爸怀里，眼睛瞄着哥哥。哥哥边听边表演："'砰砰砰'，孙传芳的兵倒下去了。"爸爸拍手大笑，我却跺脚喊："不要'砰砰砰'的开枪嘛！我要爸爸讲白鹤聪明勇敢的故事给我听。"

"白鹤"是爸爸的坐骑白马。它英俊挺拔，一身雪白的毛，爸爸骑了它飞奔起来，像腾云驾雾一般。所以爸爸非常宠爱它，给它取名叫白鹤。

一提白鹤，哥哥当然高兴万分。马上背起爸爸教他的对子："天半朱霞，云中白鹤，湖边青雀，陌上紫骝。"我不喜欢背对子，也没见过青雀与紫骝是什么样子。我喜欢听爸爸唱诗，也学着他唱：

　　慈母手中线，游子身上衣。

　　床前明月光，疑是地上霜。

我偏着头想了一下，问爸爸："床前明月怎么会像霜呢？屋子里怎么会下霜呢？"

爸爸摸摸我的头，笑嘻嘻地说："屋子里会下霜，霜有时还会积在老人额角上呢。你看二叔婆额角上，不是有雪白的霜吗？"

哥哥抢着说："我知道，那叫做鬓边霜，是比方老人家头发白了跟霜一样呀！"

爸爸听得好高兴，拍拍哥哥说："你真聪明，我再教你们两句诗：'风吹古木晴天雨，月照沙洲夏夜霜。'"

他解释道："风吹在老树上，发出沙沙的声音，就像下雨一般。月光照在沙洲上，把沙照得雪白一片，就像霜。但那不是真正的雨，真正的霜。所以诗人说是晴天雨，夏夜霜。你们说有趣不有趣？"

哥哥连连点头，深深领会的样子，我却听得像只呆头鹅。我说："原来读诗像猜谜，好好玩啊！我长大以后，也要作谜语一样的诗给别人猜。"

爸爸却接着说："作诗并不是作谜语。而是把眼里看到的，心里想的，用很美的文字写出来，却又不明白说穿，只让别人慢慢地去想，愈读愈想愈喜欢，这就是好诗了。"

我听不大懂。十岁的哥哥却比我能领会得多。他就摇头晃脑地唱起来了。调子唱得跟爸爸的一模一样。

在我心眼里，哥哥是位天才。可惜他只活到十三岁就去世了。如果他能长大成人的话，一定是位大诗人呢！

光阴已经逝去了半个多世纪。爸爸和哥哥在天堂里，一定时常一同吟诗唱和，不会感到寂寞吧！

我是多么多么地想念他们啊！

琦君散文

感恩的心

难忘的歌

　　我平生最遗憾的是不会弹琴，不会唱歌。在中学时，父亲每学期花十二元现大洋请学校老师一对一地教我学钢琴，他认为大家闺秀，不会弹钢琴就不配称为淑女。偏偏我运气很坏，遇上那位钢琴老师是个"冷面人"，不但面冷，心也冷。她同时又是我班上的音乐老师，第一天上课，点我起来唱校歌，我打着哆嗦，唱得结结巴巴、寸寸断断，词儿全忘光，嗓子又像鸭子叫，她就怒目大骂："新生训练三天，第一件事就是要学会唱校歌。你这么笨，怎么行？"我愤愤地想："有什么不行，大不了我这一生永不开口唱歌就是了。"没想到这一句对自己的誓言，就注定了我一生不会唱歌，如今想起来，仍不免"悲从中来"。

　　至于学钢琴，那不用说更是泄气。这位冷面人曹老师，我说她是"阴曹地府"的"曹"，她的脸雪白，四四方方就像麻将牌里的白板，也像戏台上的曹操，使我白天黑夜想起她来就怕。最不应该的是我明明是缴足了学费，一对一的教学，她却带了个在家已学过钢琴的同学，跟我一同上课，每次都先教她，后教我，第一天，她就命她先弹一曲 Long Long Ago 叫我看她坐姿、她的手腕，指尖的起落跳跃。我却一双乌鸡眼只盯住她小拇指上闪闪发光的钻戒发愣。老师接着教我认五线谱，记琴键的英文字母，要和五线谱配合，我却一个也记不得。弹了一个星期的 C 调 Scale，我还是学不好，指头扭不过来。"曹操"用纸连连敲我的头骂：

"不配当学生，白花家长的钱。"我忍住眼泪，咬紧牙根就是不作声，又不敢回家哭诉于父亲。学了半年，五线谱上的豆芽菜，一个也认不得。就这样硬拖到学期终了，总算换了一位老师，她等于是今天教"放牛班"的。因为我已被那位"曹操"整得失去了自信，对钢琴与唱歌，一点兴趣也没有了。所以仍旧是一无所成。

但我难道就一辈子不开口唱歌吗？我也有时想把内心的欢乐或悲伤藉歌唱来抒发的呀！所以我也唱，只是我唱的不是文雅的、艺术的歌，而是浅近的、大白话的绍兴戏。我的老师就是在杭州时，照顾我的金妈。金妈是绍兴人，那一口地道的绍兴调，唱起来可真是好听哩。绍兴戏大部分都是哭哭啼啼的悲戏，金妈本来就是个一把眼泪、一把鼻涕爱哭的人，她唱起来当然是更传神了。

其实她并没有完完整整地教过我一出从头唱到尾的戏，连她自己都是想到哪里，唱到哪里，东几句西几句的唱。事隔半个世纪，那些词儿几乎都忘光了。只记得她最爱唱的《珍珠塔》，只要有点不开心，她就唱起来：

> 天也空来地也空，人生渺渺在梦中。
> 南无，南无阿弥陀，啊……佛。
> 人生好比一张弓，朝朝夕夕称英雄。
> 南无，南无阿弥陀，啊……佛。
> 夫妻本是同林鸟，大难临头各西东，
> 南无，南无阿弥陀，啊……佛！

她边唱边抹眼泪。抹完了眼泪又笑。

我若是要她从头唱起呢？她就得急急地清清嗓子，正正经经地唱：

上宝塔来第一层，

打开了，一扇窗来一扇门。

礼拜那，南海慈航观世音。

保佑保佑多保佑，

保佑我夫文子敬。

她一脸的专注与虔诚，仿佛她的丈夫是叫文子敬呢，可是唱完了这一段，马上就叹一口气说："管他蚊子叮不叮呢！"

逗得我哈哈大笑，问她："你丈夫呢？怎么都不来看你？"她恨恨地说："伊拿格套会（怎么会）来看我。哼格佬倌（那个人）是个牛（没有）心肝的。我早就把伊盲记脱哉！（把他忘记了。）"

说是这么说，但她仍旧是"保佑保佑多保佑"地唱。唱起"夫妻本是同林鸟，大难临头各西东"时，眼泪扑簌簌直掉。我虽是个才念初中的小女孩，却深知金妈心头的痛苦。母亲告诉我金妈因为没有生养，她婆婆硬要给儿子再讨了个媳妇，生儿育女，就把金妈丢在一边。金妈气不过才出来帮工的，她原是不愁吃穿的好人家，觉得没有丈夫的体贴，宁可出来做女佣。遇上我母亲这位好心肠的主母，两个人正是同病相怜，夜阑灯下，就有说不尽的心事，唱不完的歌。

母亲不会说绍兴话，她的温州官话，金妈全听得懂，她教母亲唱绍兴戏，母亲也就只会唱那几句："天也空来地也空，人生渺渺在梦中，……夫妻本是同林鸟，大难临头各西东……"

后来母亲郁郁地回故乡了，金妈就辞工不干了，我也渐渐长大住校了。但每于病中，一个人躺在冷清清的宿舍里，就万分想念母亲与金妈。尤其听到楼下练琴间里传来叮叮咚咚的钢琴声，

明明是非常悦耳的，但那声音使我又想起冷面人曹老师，而感到自己的低能与落寞。我就索性蒙着头，在被子里哼起金妈教的绍兴戏《珍珠塔》来，一遍又一遍地唱。

我心里在想：难道人生真个渺渺如梦中吗？难道真个天也空来地也空吗？我小小的心灵有如已饱经忧患。

唱着唱着，泪水禁不住纷纷而下。

将近六十年前的旧事了，这一支《珍珠塔》不完整的歌词，和金妈同母亲合唱的凄悲音调，至今常萦绕心头，哼起来时，仍不免怃然而悲。

永恒的思念

父亲在民国十几年时，曾在浙江任军职，杭州的寓所，经常有许多雄赳赳的马弁进进出出。那时哥哥和我都还小，每回一听大门口吆喝"师长回来啦！"就躲在房门角落里，偷看父亲一身威武的军装，踏着高统靴咯嚓咯嚓地进来，到了大厅里，由一位马弁接过指挥刀和那顶有一撮白缨的军帽，然后坐下，由另一位马弁给他脱下靴子，换上软鞋，脱下军装上衣，披上一件绸长袍，就一声不响地走进书房去了。哥哥总是羡慕地说："好神气啊，爸爸。我长大了也要当师长。"我却噘着嘴说："我才不要当师长呢……连话都不跟人家说。"

父亲的马弁，也都一个个好神气。哥哥敢跟他们说话，有时还伸手去摸摸他们腰里挂着的木壳枪。我看了都会发抖。但只有两个人，跟其他的马弁都不一样。他们总是和和气气，恭恭敬敬地跟母亲说话。有时还逗我们玩，给我们糖果吃。所以只有他们两人的名字我记得，一个叫胡云皋，一个叫陈宝泰。

父亲总是连名带姓地喊他们，母亲要我们称胡叔叔、陈叔叔。但顽皮的哥哥却喊他们"芙蓉糕"、"登宝塔"。我也跟着喊，边喊边格格地笑。因为我是大舌头，喊"登"比喊"陈"容易多了。

他们二人，一文一武，胡云皋是追随父亲去司令部的，照顾的是那匹英俊的白马和雪亮的指挥刀，陈宝泰却是斯斯文文的书

生模样，照顾父亲的茶烟点心，每天把水烟筒擦得晶亮，莲子燕窝羹在神仙罐里炖得烂烂的，端进书房，在一旁恭立伺候，胡云皋很喜欢哥哥，常把他抱到马背上，教他怎样拉住马缰绳，怎样用双腿在马肚子上使力一夹，马就会向前奔跑。乐得哥哥只想快快长大当师长。我呢，只要马一转头来向我看，我就怕得直往后退。胡云皋把我的小拳头拉去放在马嘴里，吓得我尖叫。陈宝泰就会训他，说姑娘家不要学骑马，要读书。因此他就教我认字，讲故事给我听，所以我好喜欢陈宝泰。

母亲很敬重他们，说他们是好兄弟，是秤不离砣。他们高兴起来，在一起喝酒聊天，但不高兴起来，谁看谁都不顺眼。胡云皋笑陈宝泰手无缚鸡之力，不够格在司令部当差，只好在公馆里打杂。他自己是师长出入时不离左右的保镖，多么神气。陈宝泰是一声不响，顶多笑他是个"猛张飞"，是"自称好，烂稻草"。

母亲带我们回到故乡以后，忽然有一个深夜，胡云皋急急忙忙赶到，一句话不说，把我们兄妹用被子一包，一手抱一个。叫长工提着灯带路，扶母亲跟着他快走，一直走到山背后一个静僻的小尼庵里，请大家不要声张。我们吓得只当是土匪来了，胡云皋告诉母亲，是父亲与孙传芳打仗失利，孙传芳的追兵会到后方来挟持眷属，父亲不放心，特地派他来保护我们到安全地方躲一躲。我当时只觉逃难很好玩，而母亲对他穿越火线冒死来护送我们的勇敢和义气，一生念念不忘。

由于这件事，陈宝泰对胡云皋表示很钦佩，他说："若是我，就不敢在深更半夜枪林弹雨中，穿越火线。胡云皋的名字，一听起来就是个勇猛的英雄。"胡云皋听得高兴，两个人就挖心挖肝地要好起来，再也不嫌来嫌去了。但只有在下棋的时候，仍旧是争得面红耳赤。一个说落子无悔，一个说要细心考虑。下到后来，胡云皋把棋子一抹说不跟你下了。到了第二天，他们又坐在一起喝酒唱戏了。

父亲因为厌倦军阀内战的自相残杀，当了六年师长就毅然退休了。遣散部属时，胡云皋与陈宝泰坚决要留下伺候父亲。父亲同意了，对他们说："你们以后不要喊我师长，称老爷就可以了。"陈宝泰记住了，就改口称老爷，但胡云皋总是"师长师长"的喊，父亲怪他"怎么又忘了，只称老爷呀。"他啪嗒一个敬礼说："是，师长。但是我喊师长，心里就高兴，仿佛您还在威武地带兵呢。"他那一脸的固执，父亲也拿他没办法。

他们随父亲回到故乡，胡云皋是北方人，因言语不通，时常与长工发生误会而吵架。陈宝泰性情随和，他一口杭州话虽不大好懂，长工们倒喜欢跟他学外路话。有一次大家一同去看庙戏，台上演的是《捉放曹》，乡下难得有京班来的，胡云皋每句道白都听懂了，高兴得直拍掌。长工忽然指着台上说："那个陈宫是陈宝泰，这个大白脸曹操就是你。"胡云皋气得一下子跳起来，骂长工怎可把他比做奸臣，说陈宝泰也不够资格当陈宫呀。他大声地吼，吓得台上的戏都停下来了。

从那以后，长工们都不敢和胡云皋说话，与陈宝泰就愈加有说有笑了。因此胡云皋有点生陈宝泰的气。父亲把他俩叫到面前说："你们是我最亲信的弟兄，千万不可因芝麻小事不开心。"胡云皋结结巴巴地说："报告师长，我不是生陈宝泰的气，是他们把我比做坏人，我不甘心，我最最恨曹操那样的奸臣。"父亲笑道："好人坏人全在你自己，别人是跟你说着玩的呀。"陈宝泰原都不作声，这时才开口了："老哥，你若是坏人，你会有勇气冒生死危险穿过火线，去保护太太与少爷小姐吗?"胡云皋这才又高兴起来。

　　我再到杭州念中学时，哥哥早已不幸去世，母亲于伤心之余，只愿留在故乡。父亲比较严肃，我在孤单寂寞中，全靠他们两人对我的爱护与鼓励。我住校后，他们常轮流来看我，买零食给我吃，我心里过意不去，陈宝泰说："你放心，我们的钱木老老，给你吃零嘴足够啦。""木老老"是杭州土话很多的意思，连胡云皋都会说哩。

　　抗战军兴，父亲预见这不是一场短期的战争，就决心携眷返回故乡。胡云皋义不容辞是一路护送之人。陈宝泰愿守杭州，父亲就不勉强他跟随了。将动身的前几天，父亲徘徊在庭院中，客厅里，用手抚摸着柚木的板壁和柱子，叹息地说："才住三年啊！就要走了，也不知什么时候能回来。"我听得黯然。父亲平生最爱富丽的房屋，好不容易自己精心设计的豪华住宅，只住了短短一段时日，就要离去。对他来说，确实是难以割舍的！我呢？本来就嫌这屋子给我种种的拘束与活动范围的限制，觉得它远不如乡下农村木屋的朴素自在，所以丝毫也没有留恋之意，反觉得父亲实在不必为身外之物耿耿于怀。站在边上的陈宝泰看出父亲的心情，立刻说："老爷，你放心走吧，我就一直不离开这幢房子，好好看管。不让人损坏一扇门窗、一片瓦。"父亲感动地说："时局一乱，你是没法保护它的，你还是自己的安全要紧，不能住的话，偶然来看一下就可以了。"

　　于是陈宝泰就自愿负起看守房屋的任务来。临别前夕，他买了酒，做了菜，与胡云皋痛饮钱别，请我也在一桌作陪，他举杯一饮而尽，对胡云皋说："老哥，你是出入千军万马的人，有胆量，有勇气，这次护送的重任非得由你承担。我也不是胆小之人，我守着老爷最喜欢的房子，日本鬼子来，我跟他们拼命。不过我们这一分别，不知哪天见面，你到后方以后，总得给我画几个大字来，叫我放心。"说到这里，他的声音都沙哑了。胡云皋说：
"老弟，你放心，我一送到，马上回来陪你，我们是患难弟兄，分
不开的。"

想想在兵荒马乱中，交通已完全紊乱，海上航线封锁。自杭
州回故乡，须取道旱路，经过敌人的占领区，昼伏夜行地回故乡。
胡云皋要马上回来，谈何容易。又想想，我此次与陈宝泰分别，
后会究在何时？在泪水模糊中，我说不出一句话来。只有默祝我
们能早日聚首，默祝彼此的平安无事。

回到故乡才一个月，杭州就陷于日寇。两处音讯阻绝，父亲
忧心如捣，后悔不该让陈宝泰留在杭州。胡云皋因一路辛苦，加
上水土不服，传染上疟疾，但他挣扎着要马上回杭州与陈宝泰共
患难。这时忽传来杭州房屋被日军焚毁的消息，陈宝泰也生死不
明。胡云皋痛哭流涕地说非要立刻动身不可。父亲也因不放心陈
宝泰，就同意他扶病上路了。

临行前，父亲再三叮咛他，遇上日寇，不要与他们正面冲突，
要机灵地躲过。留得青山在，往后报仇雪恨的日子有的是。

"是，师长。"他敬一个礼，"我一定要保住这条命。才能到
杭州与陈宝泰相会。看看房子是不是真被烧掉。师长，您自己要
保重，我不能伺候您啦。"

他再啪嗒一个敬礼，就提着破箱子转身走了。我紧跟在后面，
看他的背已微微有点驼了。病又没好，真担心他路上发烧怎么办，
心中不免阵阵酸楚。我们穿过麦田，到了小火轮埠头，坐在亭子
里等船时，我摸出母亲交给我的十二个银元，塞在他棉袄口袋里，
告诉他是母亲给他一路买点心吃的。他抹着眼泪对我说："大小
姐，你已经长大成人了。又念不少书，要懂得怎样照顾父母。在
危急时要格外镇定，就像我在边上照顾你们一样。"

　　我已哽咽得说不出话来，只好点点头。想想自己怎么能在危急中镇定得下来？胡云皋明明走了，怎么能像他在身边照顾我们一样呢？我真想喊："胡云皋，你别走啊！"可是我又好担心陈宝泰，他究竟怎样了呢？我又怎可不让他走呢？

　　小火轮来了，胡云皋紧紧捏了我一下手臂，就跨上船去，站在船头向我摆手。在泪眼模糊中，我心头历历浮现的是幼年时，胡云皋与陈宝泰带着哥哥与我玩乐的情景。他俩是看着我们一天天长大的。可是哥哥去世了，如今胡云皋又要在战乱中离我们而去，陈宝泰则是生死不明。真感来日艰难，千言万语，无从说起。只有祝福胡云皋一路平安。

　　他走后，我们屈指计算日子，一天又一天，一月又一月，竟是音讯毫无。烽火连天中，他要捎个信自是非常困难。直到半年后，有人从杭州逃回，带来陈宝泰的信。说房子被日寇占据，改为野战医院，他被赶了出来，无法照顾，感到万分愧疚。日军原是答应他住在里面，为伤兵服务，他宁死不作顺民，只好逃走。还有一封信是给胡云皋的，劝他千万不要冒险回杭州，应该在家乡照顾我们。由此信可知胡云皋并未到达杭州与他会面。房子被焚虽是谣传，但身外之物，何足挂怀，使人忧心如焚的是胡云皋的下落不明。

　　自从与胡云皋在故乡的小火轮埠头分手，目送他消失在迷茫晨雾中，就再也没有他的音讯。以他的恩怨分明性格，想来定已遭日军杀害了。

　　复员后回到杭州，连陈宝泰也不见踪影，他究竟吉凶如何呢？如果他平安无事，为何不来看我呢？难道他也已遇害了吗？想到他们的不幸，想到战乱中双亲的相继逝世，真个是国仇家恨，令人肝肠寸断。回顾杭州房屋，虽兀立依旧，而沧桑人事，何堪回首？

对有着江湖侠骨、而生死不明的胡云皋、陈宝泰二位可敬的老人，我只有心香一脉，翘首云天，以寄我永恒的思念！

不放假的春节

"今年春节，公司不放假。"他早几天就告诉我了。我总是想，说说罢了，到时候还是会放的，一年一度中国人的大节嘛。犹太人不是什么节都放假吗？可是到了除夕早上，他还是一本正经地对我说："今天下午，我仍照常在七时左右到家。"我不甘心地问："真的连半天假都不放呀？中秋节都放半天呢。"他说："中秋节不一样，放半天就只是半天。除夕如果放了，第二天是初一，放不放就为难了，所以索性根本不放假，入邦随俗呀。况且公司的业务要紧，我们老板还出差去，年初一都不在家呢。"

我已经没心思听他的大道理了，只睁大眼睛望着窗外。路边积雪堆得高高的，天空却是一片晴朗，没有一丝儿雪意，倒真盼望忽然下起大雪来，像上次似的。电台电视一预报将有大风雪，为了安全，他们就提前下班了。可是今天不会下雪，他非得天黑才到家了。

其实年节对我这样岁数的人来说，本来已很淡薄了。在台北时，每到过年，心情反而都很沉重，总像被硬拖着跨过年关似的。嘴里说着"恭喜"，心里却丝毫没有喜的感受，只觉得年里年外那几天好难挨。如今身在异国，过着没年没节的日子，也省得烦心，岂不更好呢。可是看他提着公文包，顶着凛冽的霜风出去搭车的蹒跚背影，总觉得他这样地奔波，连大除夕、年初一都没有休息，真是何苦来？

目送他车子远去，环视屋外光秃秃的新栽小树，和披着残雪的矮灌木，没有丝毫年景，只一片荒凉、冷清，真叫人凉到心底。想想台北此时，巷子里儿童嬉戏的喧哗声，此起彼落的鞭炮声，总给你一分热闹与温暖吧。为什么要在此度冷冷清清的年呢？

一个没有假期的新年，这一生倒是第二次。第一次是五十多年前，我在初中二年级的时候。那时因为政府厉行国历，乃通令全国机关学校，农历年不得放假。学校的寒假本来是包含农历年的，为了非上课不可，只得把寒假切成两段。大考完毕先放十二天假，放到农历十二月二十三日送灶神那天回校上课。上到初六再放假十二天，总算让你过个灯节。

记得那年杭州也是大雪纷飞。我家离学校极近，本来，五六分钟就可到达，可是那天心不甘、情不愿地足足走了二十多分钟，拖到学校里，大部分同学都迟到了。一进课堂，英文课的美籍老师已经笑嘻嘻地在讲堂上等我们了。平常她是绝对不许迟到的，可是大年初一她也特别宽容。等大家坐定后，她说了一声 well，然后用流利而咬音不正确的杭州话说："恭喜恭喜，大家放（发）财。"我们齐声说："我们不要放财，我们要放假。"她笑笑说："我也很想放假，但是你们的政府不准放假。好，今天我们不讲课文，来讲古（故）事好不好？""好"，大家高兴起来了。

于是老师讲了个故事：

我做小孩的时候，家境并不宽裕，爸爸是牧师，妈妈是护士，他们省吃俭用积蓄点钱，准备新年假期出外旅行。我们小孩当然好兴奋。早几天就把自己小小的旅行箱整理好了。谁知就在除夕那天，邻居的孩子得了急性肺炎，要立刻送医院。他们比我们更没钱，于是我父母亲就把打算去旅行的钱

全部给了他们，我妈妈还去医院照顾她，连饭都没回来做。我觉得很寂寞，很不开心。爸爸捏着我的手，温和地对我说："你应该庆幸自己身体健康，才能够蹦蹦跳跳地玩。想想你们的朋友，躺在床上发高烧，多么不舒服？她的父母又是多么担忧？我们的朋友有困难时，我们应该在她旁边多多帮忙，不应该只想到自己的享受，这就是同情心，你懂吗？"我虽然点点头，实在是半懂不懂，因为我们仍然很懊恼不能出去旅行。不久邻居孩子病好了，我去看她。她比我大两岁，我们本来就是好朋友。她把我手拉过去，从床头拿出一样东西，放在我手心里说："这是我自己用木头雕的小马，送给你做纪念，谢谢你爸爸妈妈对我这么好。"她说话时眼中满是泪水，我也感动得流下泪来。那时，我才知道自己过了一个真正快乐的新年。这只可爱的小马，我一直宝爱地收藏。今天我给你们讲这个故事，也特地把这小礼物带给你们看。

老师从口袋里摸出一个用锦盒装的小木马，给我们全班传观一遍，木马因为时常抚摸，已变深红色，正显示无比深厚的友情，我们都深深感动了。老师又告诉我们，她这位朋友，是孤儿院院长，终生为贫寒儿童服务，过得健康而快乐。

老师最后回到书本上说："《小妇人》里的四个姊妹，抱怨圣诞节没有礼物，抱怨工作辛苦。她们的母亲劝她们要多多想到比她们更困苦的人。这是开头的一章，你们记得吗？"

由于老师的一席话，我们顿觉全屋子都温暖起来。下课以后，班长提议大家捐出压岁钱的一部分，送到青年会，转给孤儿院。大家一起举手赞成。"叮叮当当"的银元角子，一下子就捐了一大袋。我们大家又把口袋里的糖果掏出来，大家交换吃。边吃边唱，我们过了一个没有放假的快乐新年。而且觉得不放假反而好，因为到学校里，才有这许多的朋友一同玩乐、一同吃糖果。而且还听老师讲了那么好的一个故事，使我们多多少少懂得了，什么样才是真正的快乐。

时隔半个多世纪，如今追忆起这段往事，想想自己活了这一大把年纪，心胸反不及十几岁时的宽敞知足。只不过是少放了两天假，竟像是一生就吃了这一次大亏似的，闷闷不乐。扪心自问，这把年纪岂不是白活了吗？

惭愧了一阵，心地反而开朗了。他于暮色苍茫中回到家时，我已经把祭祖的菜肴与年糕、水果等等，整整齐齐摆在桌上了。

能得平平安安过年就好，不要抱怨，不要忧愁吧。

相逢是别筵

　　一个月前，因偶然的机会，得与外子同去香港，在临行前的一个星期，我们的心情就开始起伏波动。倒不是为了得以见识国际性的会议场面，而是因为他得以与阔别二十五年的好友刘大汉君把晤。我与刘君虽未见过面，而从他们往还的书信中，已认识他一大半。他长于书、画、金石，并对国医针灸有很深的研究，是个道道地地的中国文人雅士，相信见面时，我们一定可以畅谈。

　　到香港行装甫卸，外子就拨电话给他。握着话筒的手有点颤抖，我在边上，也跟着"坐立不安"起来。他与二十多年阔别的知己，马上可以见面了，怎么不兴奋呢？半小时后，刘大汉的双手，已紧紧和我们相握了。他比我想象中沉默，也更朴实。骤然间，三个人面面相觑，似乎有一份意想不到的陌生之感。我忽然想起他与外子通信都是用文言文写的，写文言信的人，一定比写白话信的人更含蓄、更有深度。我这样想着，不由得也拘束起来。他是广东人，国语久不用，已不太流利，好像费好大的劲才说出一句话来，生怕我们听不懂，再用笔写在纸上，外子是四川人，数十年乡音不改，他们二人起初有点像"呆头鹅"似的，断断续续说着话，我在一边默默瞧着，心想这一对好朋友，学生时代住在一间寝室里，是怎么无话不谈的？比手画脚吗？我几乎要笑出来了。

　　大汉因我是浙江人，不由分说，就把我们带到一家名天香楼的高级杭州餐馆，请我们吃大螃蟹。我不愿因我们杀生，也劝外子别吃，可是说时迟，那时快，两个大蟹已经端上桌子。我还是坚决不吃，由他们二人持螯对酌。我也喝着酒，吃菜相陪。看他们对吃蟹毫无经验，把肥肥的蟹肉连同蟹壳，像嚼甘蔗似地嚼一阵就吐了渣。可是他们那份高兴全不在吃蟹这回事上。在大汉是最知己的朋友来了，就要拿香港最时新、最名贵的菜肴来款待他。在外子呢，故人把最好的东西请他，再怎么不会吃也是滋味无穷的。倒是饮了几杯陈年名酒以后，顿感有千言万语，无从说起之慨。原来大汉本性就木讷寡言，高兴之下，就只会为我斟酒夹菜。外子平时虽不健谈，而遇到老乡时，也会大摆龙门。今夕见到久别重逢的老友，却真个两心相契，欲辩忘言，外子忽然冒出一句："大汉，你记不记得，我尝第一根奶油冰棒是你买给我的。"大汉木木然摇了下头说："是吗？我不记得了。"彼此又沉默了半晌，只好重复地说："真快，一转眼二十五年了。"想起杜甫诗中"夜阑更秉烛，相对如梦寐"的感觉，真是一点不错，回到旅邸，我跟外子说："尽管你俩都跟没嘴葫芦似的，我却从你们笨拙的举止中，深深体会到你们那一份深厚的友谊，尽在不言中了。"会期结束后，为了能与大汉多聚聚，决定在港再留两天。最可惜的是他夫人因一位长辈病危，须臾不能离开，无法分身。她前年来台时，我正访美未归，这次我去港，又不得相见。人生的遇合，竟是如此不易。

我们把整整两天都交给大汉安排，他沉默少表情的脸上，也浮起了笑容。九龙部分，我们已随团体观光过了，他就带我们渡海去香港。搭高楼公共汽车穿海底隧道，对我们来说，自有新鲜的感觉。大汉是老香港，每天不知要搭多少次公车。站在拥挤的人群中，或走在熙来攘往的人行道上，个个都神色匆匆，人人都

漠不关怀。但今天尽管周围是同样的陌生面孔，紧紧靠在一起的，却是两个阔别多年的知己，无论怎样人海茫茫，他们彼此都不会有孤单之感了。我看他们脸色凝重，是不是想紧紧抓住这片刻的欢愉，不使消逝呢？

傍晚时分，我们坐缆车上太平山顶。落日正恹恹下垂，一片殷红，透着无限苍郁。大汉惋惜地说："昨天特地带了相机来，不见落日；今天落日这样美，却又没带相机。"我呢？最轻便的相机也忘了带，想想一生中错过的好机缘太多，今天的落日彩霞，也只好印之于梦中了。

在山顶炉峰茶室坐下来，他们喝红茶，我喝咖啡。与老友班荆道故，应当有酒逢知己，豪饮干杯的情怀才对。可是大汉的神情看去总有点黯淡，我们也都豪放不起来。望着玻璃长窗外，落日已沉，暮色渐浓。一片苍苍郁郁之中亮起了万家灯火。这也是大汉特地带我们来观赏的灯海，三个人都良久默无一语。如此繁华而陌生的都市，对我们来说，总有一分日暮途远、人间无路的苍凉之感。大汉收回茫然的眼神，喝了一口红茶，叹息似地说："香港也就是此地较清静，可远离尘嚣，所以我时常来。"我望着闪烁的灯光，心里想他是为了要登高望远，逃避这个十丈软红的人世间吗？以大汉孤芳自赏的性格，实不宜处此埋藏罪恶渊薮的大都市中。可是二十余年来，他在势利纷扰中，近之而不染，孤芳依旧。这也就是他落落寡合的主要原因吧！我想起辛弃疾的词："众里寻他千百度，蓦然回首，那人却在灯火阑珊处。"岂不正是他的写照呢？

"香港这个地方，真会把一个纯洁的心灵腐蚀掉。"他幽幽地说，"我一个大学时代的好友，却在合作事业上欺骗了我，现在他不知去向了。"

他没有告诉外子这个朋友是谁，如说出名字来，外子可能也知道，而他不说。可见他丝毫也不怨恨他，反而怀念他。他也没说事业合作的经过，没说损失了多少金钱。可见他并不心痛金钱，他心痛的是一份友情的失落和人心的多变。

"我感到很疲乏，更厌倦了香港这个地方，所以只想跑远一点。"他端起杯子，一饮而尽。红茶早已冷了。那凉凉的苦涩滋味，和着他许多没说出的话，一起咽了下去。我也默默地喝下最后一口咖啡，平时最喜欢的咖啡，现在也变得如此苦涩。

停了半晌，外子说："到台湾来吧，台湾人情款切，以你的才华，一定有发展的。"

他淡然一笑说："我大学毕业文凭都丢了。"

"申请'教育部'可以补发的。"外子赶紧说。

他眼神亮了一下，却又闲闲地说："再讲吧。也许我要跑得更远些，索性到一个完全陌生的地方去。"

"何必投荒异地呢？回台湾来吧。你先回来看看，二十余年来台湾的繁荣是你意想不到的。何况人进入中年，能与二三知己，在事业上以至诚携手合作，才是人生一大快事。"外子恳切地说。

他并未马上作答，却似深为感动，命侍者换来热茶。大家的心情也似开朗多了。我打趣地说："两天来你的国语进步多了。"他笑了，笑得很明亮。他对我讲了许多关于金石和印泥的常识，又写了几个字给外子说："我要为你刻这样一个图章。"我们一看是"老子姓李"。可见他正有他的风趣，他又说："可惜内人不能来陪你，她真好，我的孩子们也个个都好。"由他那几个简单的"好"字，透露出他由衷的欣慰之情。我知道他夫人的温柔、贤淑，在他失意时，一定是给他无限的宽慰与鼓励。人生最大的幸福，莫过于夫妻骨肉之爱，滔滔浊世中，除此以外，更有何求？

次晨阳光普照，他带了相机，我们在皇后像广场与大会堂拍了几张照。我告诉他我要试坐每一种交通工具，于是他带我们坐二层楼电车、迷你公车，在市区逛了百货店、书店、文具店，到每一处他都有熟人，他与人打招呼时，总是那一份诚诚恳恳、朴朴实实的神情，没有丝毫商场中的海派，在香港这个光怪陆离的社会中，大汉却永远保持了他的书生本色，真个是"质性自然，非矫厉所得"了。

傍晚，他送我们到天星码头轮渡口。因次日我们要返台，故不愿再劳他远送机场，又希望能再见他一面，心情十二分矛盾，外子紧握着他的手说："我们还是就在此暂时道别吧，希望能在台湾再见好吗？"他坚决地说："不，明天机场再见。"

他目送我们上了轮渡，汽艇托托托地离岸而去，在苍茫暮霭中，大汉的身影也逐渐模糊了。虽然我们心中都存着明天再见的希望，却已有无限依依惜别之情。

在机场，由于时间的差错，彼此竟错过再见的机会。提着大汉赠我们的厚馈，我们在人丛中遍寻不见他，心中怅惘万分。飞机升空以后，留在我脑海中的一直是大汉在暮色苍茫中，踽踽离去的背影，我念着杜甫"更为后会知何处，忽漫相逢是别筵"的诗句，乃不禁泪水盈眶。

回台的当晚，我们就写了一封长函给他。无限的感激，无穷的盼待。他的回信马上来了。是他二十余年来最长的一封信，也是第一次用白话文写的。他说："赶到机场，已不见你们，只好跑上看台，希望能见你们上飞机的背影也好，可是也失望了，只见飞机冉冉升空，穿过云层远去，远去了。"其实台港不过一水之隔，却是如此的"相见时难别亦难"，读信又不禁黯然。

他谈起童年时代随母亲度过的乡居生活，大学时代言笑晏晏的无忧岁月，北碚的晨晖夕照，以及事业的多次挫折颠簸，娓娓道来，亲切犹胜于面谈。外子另一位深知他的同学说，大汉是个感情十分含蓄的人，内心的热情远胜过言辞所能表达的，但这封信可说是表达无遗了。

他说："在港二十年，内心常感到非常寂寞，不是朋友不多，而是可以谈知心话的朋友太少。"这是他热情人在这个炎凉人世的深沉感触。他又想起了那个辜负他一片至诚的朋友说："我不是为钱财的损失痛惜，而是为一位朋友在道义上、品德上的堕落而悲痛。"

最后他说："近年来越期望能过一种恬静朴实的农村生活，读读书、写写字，摆脱都市的营营役役。明知这期望不易达到，但个人性情之日趋淡泊却是事实。"他希望有一天能和我们在一起，也算偿平生之愿了。

天下事在人为，他既有此愿心，又何患不能实现呢？

他寄给我们合摄的照片，背面题着："二十五年前，台湾分袂同旧雨；三千里外，香江聚首共征人。"

无限沧桑之感，不尽知己之情。我们又立刻去信劝他决心来台，古人说："一回相见一回老，能得几时作弟兄？"人寿几何？希望他不要再犹疑，此信去后，尚未得他回音，想他正在作来台考虑。我们热切地盼待着，相信他不会令我们失望的。

遥远的友情

　　今天我又收到凯蒂的来信，长长的一封，她好高兴我寄给她的风铃。她已将它挂在新开张的店门前，听它迎风所发的叮叮之音，告诉每一位顾客，这是台湾友人寄来的。凯蒂（Kitty Bliley）是我四年前访美时坐在华府一座博物馆门前休息，所邂逅的三个美国年轻女孩之一。当时我穿的是旗袍，她们频频向我投来陌生而友善的眼光，我呢，怀着到处交朋友的开放的心，主动找她们说话，问长问短，我们足足谈了一个多钟头，还请过路的人替我们合拍了一张照，请她们留下地址才分手。

　　回来以后，洗出照片，却找不到那本临时记地址的小本子，无法将照片寄去。这一段雪泥鸿爪式的友情就此中断，心中不免怅然。时光匆匆已四年，今春整理杂物，忽然发现那小本子，喜出望外，马上提笔给她们写信，再将照片寄去，只是抱着试试看的心情，时隔好几年，也许她们已迁移，或早已忘掉我这个"惊鸿一瞥"的东方访客了。意外地，凯蒂的回信很快来了。她说如不是照片的话，几乎想不起我是谁。但她好高兴能和来自台湾的朋友通信，她告诉我另外两位女孩已结婚迁居，可能也会给我回信。她在一个杂货店工作，不打算再念大学，积蓄点钱就要结婚了。她很细心，怕我认不清，特地用印刷体正楷写字，笔迹娟秀，辞意诚恳，我好高兴又联系上了一个异地友人。从她们的书信中，可以了解她们的生活方式、思想、感情，和她对我们东方人的看法，我也获得充分的机会，可以向她们详细介绍自己所在地方的民情风俗，尤其是这些年来的建设情形。我尽可能地把有关历史文化的简介，以及历次参观得来的资料邮寄给她们，虽然花了不少邮费，可是内心喜慰莫可名状，因为我感到自己尽了做朋友、做公民应尽的责任，感到自己当年不虚此行，更感到"海内存知己，天涯若比邻"的真正意义。

过去常听人说，美国人最会表现热情，一分手就完了。那年访美以后，我所得的印象却不是如此。美国人，无论男女老少，都很坦诚热心，而且并不是一分手就完，只要你有耐心与他们继续保持联系，他们一定是有信必回。因为他们重视人际关系，他们喜欢朋友，也充满了对异地的好奇心，他们也十二分希望你能多了解他们的一切，所以只要你有勇气，尽管以辞不能完全达意的文字，转弯抹角地向他们话家常，他们的书信就会源源不断而来，岂止书信，我每年圣诞以及生日所收到的精致小礼物都不知多少。水晶玻璃的小摆饰，艺术馆的名画年历，亲手编的毛线小饰物、靠垫，等等不一而足。他们常常寄来全家福照片，连我抱过的小狗小猫都不会遗漏。自然，我也给他们寄去好多东西，竹编小花篮、小虾、台湾绿玉、彩色大理石小花瓶、彩色丝线粽子、小小绣花鞋、钩花毛背心……每一件都花心思选择，至少得带给他们一份东方或台湾的特色，和着一份浓厚的友情寄出。有一次我收到爱荷华农庄一位友人的照片，她们八个朋友把八枚我送她们的绿玉镶成戒指，戴在手上，摆在一起，拍了照片给我，背面写着："你的手也和我们相握一起。"看了真叫人欣慰。

若说农村妇女较重友谊而大都市的就不相同了，倒也不尽然。我在纽约认识的一位名玛琍的女士，她酷爱中国文化，与我谈得非常投机，她总不忘给我来信，告诉我又看了多少中国艺术品，

接触到多少有学问的中国人。告诉我她的小花园中有一处花木扶疏，下有一块大石，她称谓东坡石，希望我快去坐坐谈心。她最近寄给我四篇读中国画的文章，对竹子、兰花、淡墨山水都有独到的领悟，完全是老庄清静无为、返璞归真的境界。例如她评述一幅疏淡的花卉说："疏阔之处正予人以充实之感。"（此四篇文章我打算译出以飨同好。）我们彼此的感情思想极为沟通。从通信中，我学了好多英文，也偶然介绍她们简单的中文。例如纪念品上的中文字，复制品画上的题词或诗句，我都以英文译出，即使不妥帖，至少也让她们知道大概。

别以为美国的青年男女都是吃迷幻药、乱交朋友、终年闲荡无所事事的嬉痞型。那是电影中典型化了的人物，不足以代表全部。即以凯蒂来说，就是个非常自爱、努力向上、爱家庭重友情的好女孩。她寄给我一张和她男友合拍的照片，也要我寄给她一张合家欢。她男友留着长发，她不好意思地说他头发太长不好看，现在已剪短了。她生怕我看了不顺眼，殊不知台湾的男孩，长发之风并不亚于他们呢。

想想真是高兴，偶然间的萍水相逢，却由于彼此一个微笑，一个点头，就交上了朋友。记得有一次从纽约去华府的火车上（我喜欢试每一种交通工具，特将机票退去，改搭火车），与一位端庄的中年妇女邻座。看她和蔼可亲，交谈后知道她是为盲人学校编点字教材的老师，不用说是位充满爱心的人。我送她一个鱼骨别针，她也送我一支随身携带的圆珠笔。并在我小本上写下"Happy train mate to Philadelphia"签上"Evelyn Thomson"的名字。在洛城，接待我的是笔会洛城分会的女秘书 Mrs. Colette Burns。她是一位细心体贴的老太太，她开车接我去吃饭时，迫切地问了我好多关于台湾女性作家的生活情形，我一一作答时，她却又抱歉地说："我应当等到朋友们都到齐时再问你，免得你再说一遍太累了。"她真是谦和体贴。我回来后，她每回收到笔会给她们寄的刊物时，都来信向我谈到读文章的感想。真正的是"以文会友"，心中十分欣喜。

我非常珍惜这份遥远的友情。称谓"遥远"，是有着时间与空间双重意义的。因为这些友人，虽只萍踪一面，此生是否能再见都很难说。而在如此忙碌中，数年来音问不绝，确属不易，可见忙碌的现代人并不个个都是六亲不认的。记得有一篇英文文章中说："Reach out, take the initiative in friendship." 人应主动地去发掘友情，就不会有所谓的"疏离"之感了。

世界之所以可爱，就是人与人之间，可以坦诚相向；心灵得以沟通。这也就是人性的可贵之处。

护生乐

在小区图书馆里发现一本书，书名《鸟儿救护车》。封面画着三只小雏鸟，仰起脖子，张着嘴，等待主人温柔的手，喂给它们美味。

书中附有多张写实的图片，我一见钟情，就借回细读。作者 Ariline Thomas 是位中年妇女。她感情细腻，对小鸟们观察入微，文笔自然、真挚。全书读来引人入胜，趣味盎然。

她居家闲适，时常撒些谷类款待庭前飞来的小鸟，享受"得食阶除鸟雀驯"的乐趣。有一次她听到一声声微弱惊悸却十分熟悉的哀鸣，立刻发现是一只大野猫衔着一只小鸟，她连忙把它抢救下来，看羽毛花色好像是她喂过的。她小心地把它放在一只垫得软软的卡通纸匣里，悉心予以照护。治好了它受伤的腿和翅膀以后，把它放回庭前树枝上，它却依依不舍地一直栖息在她庭院中，自由来去，还带了它的一个伴侣来同享美味。将近一年，伴侣飞走了，它仍朝夕飞回与她做伴。鸟类之情深义重，使她非常感动，也引起她照顾受伤鸟雀的浓厚兴趣。

她时常向禽鸟保护会人员请教，他们就请她当志愿军，协助救护鸟雀。附近邻居饲养者有什么问题，或看到有受伤的小鸟，都打电话向她求援。她就用一只小卡通纸匣，把它们带回家来治疗，她就称这只卡通匣为"鸟儿救护车"。

鸟儿们与她非常亲热。有的顽皮地停到她头顶下嬉戏；有的撒娇地一定要她亲手喂它食物。有一只鸟吃盘子里流质东西时，会溅得全身羽毛都湿漉漉的，她就用一块塑料围兜围在它脖子上进餐。它每次看到她拿起围兜，就雀跃非凡，知道又有东西吃了。她观察有一只疗伤中的鸟，在笼子的横木上啄了三个大小不同的孔，竟是专为自己吃大小不同的谷类用的。她故意将一粒小谷子放在大孔里，它就把它衔出来，摆在远远的一堆谷子一起。扭过头来看看她，仿佛告诉她："你弄错了。那是我的餐桌，不是放粮食的地方。"其通灵性一至于此。

她有一个朋友所饲养的鸟儿，脚爪肿了，不能站立，向她请教。她一看就知道是患了痛风症。因为主人给它喂了太多的牛奶面包。她说："跟人类一样，过多的营养，太少的运动，一样不相宜于鸟类。"

我看到这里，不由得笑起来，对素有此病的老伴说："你真是无独有偶，当与鸟儿同病相怜。"他也笑笑说："我以后脚指头肿了，你不要再埋怨我贪吃花生米，人家对鸟儿都那么好呢！"

自己有病，越发能推悯万物的病痛。这位作者的鸟儿救护车，充分发挥了她民胞物与的情怀。她对鸟儿们的细心呵护，无异母亲之于儿女，而且她在这方面的知识经验，愈来愈丰富，从其中所获得的快乐安慰，也愈来愈多。

我于阅读时，也分享了这位仁慈作者同样的欢慰。她说出于现代文明的各种设施，时常使鸟儿们遭到无妄之灾。例如它们原可自由飞翔在高空的，却偏偏撞上插云大厦的门窗玻璃而昏倒，跌落在路面被汽车碾死。有的小鸟在习飞时不慎而跌在地面上奄奄一息，有的从屋顶通风管落下而重伤。都是时常发生的悲剧。她自己尽力抢救以外，更呼吁居民多多爱惜无辜的小生命。她这份护生的慈悲心，实在令人感动。

　　事有凑巧，我也遇上一件有趣的事。有一晚进餐时，忽闻一阵嗡嗡之声，抬头一看，却见一只黑色大野蜂在仓皇地飞舞。老伴以往一见飞虫类，总是卷起报纸就打，经我再三劝阻，请他手下留情，他才把任务交给了我，看我口中念念有词，施展出降龙伏虎之功，把虫儿们乖乖地请出屋外，他也感到非常高兴。但这次的大野蜂，他生怕会刺伤人，叫我特别小心。我虽略存戒心，但认为我不伤它，它必不伤我。无奈它一直不肯停下来。我只好将全屋电灯关去，开启落地阳台门，把门外电灯开亮，想它一定会飞出去。我们只好暂时上楼。一小时后下来，扭开厨房的灯，却见它无力地在地上爬行，想来一定是撞在玻璃窗上撞昏了。我连忙用一张软纸放在它身边，它就慢慢地爬上来，我不敢将纸折拢，生怕伤了它娇软透明的翅膀，就平平地双手将纸捧出门外，想把它轻轻抖落在矮矮的香柏树上，可是它贴着纸不下来，我只好把纸平铺在树叶上，让它休息一阵，自会飞走。

　　次晨醒来，马上想起野蜂，连忙下楼开门去看，却见它仍然伏在纸上，一动不动，竟是奄奄一息的样子。我想一定是早春的寒气，使受伤疲累的小生命承受不了，很后悔不该将它放在门外的。我特地戴起老花眼镜，对它仔细观察。它纤细的脚，无力地支撑着半个身子，斜卧在纸面上。清晨的微风吹来，它微微在颤抖。这证明它还活着。但门外太冷了，还是把它捧进屋子来吧。我忽然想起"鸟儿救护车"里所写的卡通纸匣，立刻奔到地下室找出一只小小硬纸盒，到门外把野蜂连纸一起捧入盒中，捧进厨房，放在餐桌上，开亮电灯，顿觉屋子里暖和多了。我看它稍稍颤动了一下，就俯身用口中暖气去呵它，它头上的一对触须四面八方地转动起来，一对大眼睛似乎在盯着我看，它已渐渐苏醒过来，它不会死了。我真是好高兴，就继续用暖气呵它，好像对它作"人工呼吸"，它愈来愈清醒，想把歪斜的身子撑起，却是没有力气。我忽然明白，它是饿得太虚弱了，可是我能喂它什么呢？对了，蜂蜜，我正好有刚买的野蜂蜜，不正对了它胃口吗？就连忙打开罐子，用筷子蘸一点点伸到它嘴边。那香味立刻使它振作起来，它竟把两只前脚搭在筷子尖上，嘴巴凑上来大吃特吃起来。那姿态，就像婴儿吮吸母奶一般。吮完了筷子尖上的，又俯下身去吮滴落在纸面上的。看它踌躇满志地饱餐以后，体力已完全恢复过来，目光炯炯地望着我，然后用一对前脚搓它的触须，搓它的嘴，再用后脚搓它的翅膀、肚子和屁股，马上显得精神百倍的样子。我生怕它一下子飞起来，岂不又要撞上玻璃窗，害得我手忙脚乱。就轻轻对它说："你现在千万别飞，我把你送出门外去再飞吧。"它似乎听懂了，伏着一动不动，由我捧着盒子走到外面。此时，温暖的阳光，已照在整株香柏树上，绿油油的叶子，闪着透明的亮光。我把纸捧出来，放在树枝上。它闻到那股清香味，也感到春阳的温暖，更起劲地搓搓触须与翅膀，一下子就振翅飞起来。在我头顶前方盘旋一阵，然后倏然而逝。

野蜂活了，它快快乐乐地回家去了。

我捧着空盒子回到屋里，心头是万分饱满与欣慰的。我深深感念造物者的神奇与恩德，赋予小小的生命以完整的肢体，灵敏的官能，和坚毅的求生意志。我也深深体会到自然万物各得其所，欣欣向荣，以及与虫鸟通情愫的无限乐趣。

想起那位作家的"鸟儿救护车"，看看手中的盒子，我不由得要称它为"昆虫救护车"了。

三净素

　　佛家语有称为"三净肉"者，就是在家修持的居士，为权宜之计，在三种情形下，是可以勉强吃牲畜之肉的：一、不是我杀的。二、不是为我杀的。三、不曾亲眼看见杀相的。这"三不"看去似乎有点掩耳盗铃，对贪口福的老饕而言，正可作为吃肉的借口。其实是佛家劝诫心学佛者初步戒杀所开的方便之门，也正是儒家"见其生不忍见其死，闻其声不忍食其肉"一点"仁之端"的深意。比起对屠门而大嚼的心态，究竟完全不同了。

　　想起母亲当年虽烧得一手好菜，却坚持而风趣地说："我不吃三'斤'肉，我吃的是三'净'素。"

　　"什么是三净素呢？"我问她。

　　她说："第一，你到朋友家做客，热心的朋友要杀鸡款待你，你就连忙说，'我今天吃素，你千万别杀鸡。'不就保住一条生命了吗？第二，你做客时如果正是吃素的日子，面对满桌的鸡鸭鱼肉，为了不要麻烦主人为你特地做素菜，你就不声不响地只吃那肉边菜，能得心素就好，这是给主人的一点方便。第三，不是吃长素的人，有时会由于忙碌而忘了吃素的日子，万一无心吃了荤菜后才想起，只要马上漱漱口，念几声阿弥陀佛也就可免罪过。因为你不是贪口福故意吃的，菩萨不会怪你。"

　　这是外公教母亲的，母亲说时一脸的虔诚，我虽不大相信，却也牢牢地记住了。

算算母亲一年中吃素的日子比吃荤的日子还多呢。因为吃六斋，每月有六天吃素。此外，初一十五吃素，先人的生忌辰，家人与自己的生日，她都吃素。她说祖先的生忌辰要表示纪念，杀生极不祥。生日是母难日，应当吃素表示对母亲的感恩。如果遇地方上为了求平安举行祭拜节目，她也吃素，表示虔诚地参与。素吃多了，闻到荤油味都腻胃，所以她即使是不吃素的日子，也都是吃的青菜豆腐之类，至多加几朵"金钩虾米"。因此"金钩虾米"是母亲唯一的调味品。她说："虾从海里一捞起就没知觉，死得不痛苦。干的虾米吃几朵是没有关系的。"

她脸上笑眯眯的，也知道难以自圆其说。顽皮的小叔偏偏说："大嫂是最最懂得吃的了。因为肉边菜比肉还好吃呢。还有，金钩虾米炒青菜才是一道名菜哩。"听得母亲好生气，笑骂道："我哪里像你那样馋嘴？天天在厨房里偷鸭肫干吃。"

小叔伸伸舌头走开了。他虽然爱说些俏皮话逗母亲，心里却是很敬重她的。他曾郑重地对我说："你妈妈才是真正吃三净素的。她手不杀生，连苍蝇都不拍一个，是手素。口不出恶言，不骂人，是口素。心总是想着别人的好，要对别人好，是心素。"我听了好感动。觉得小叔尽管有点吊儿郎当，心里对是非好坏是很清楚的。这就是母亲一边骂他，一边仍很喜欢他的原因。何况家人中"肚才"好、口才好的就只有他一个，没有他就太冷清了。

他看母亲每天辛辛苦苦提着饲料木桶去喂猪，有一次他对母亲说："大嫂，你吃素念经，却把猪喂大了等过年时宰了祭祖，心里多难过啊！"母亲说："可不是吗？我恨不得用米粉捏一头猪来代替呢！"小叔拍手说："这个主意实在好，祖先一定高兴，他们也不喜欢子孙杀生呀。"正在喝酒的长工阿川叔插嘴道："过年哪有不杀猪的？我们肚子里没有油水，田也种不动了。大嫂，你只

管放心，畜牲是上天注定给人吃的，杀了不会罪过。就算有罪过，跟喂的人、杀的人都不相干，罪过都在我们吃的人身上。"

母亲笑而不答。我想等外公来时问他，究竟用米粉捏一头猪代替真猪祭祖是不是一样的恭敬。因为我也不忍眼看胖嘟嘟的猪，最后总是被宰掉，那一声声刺耳的尖叫使母亲与我几天都吃不下饭。拜佛的老师说，能戒绝杀生，家中便有祥和气象，为什么到了人人都喊恭喜的新年，反而要杀生呢？

老师教我读论语解释孔子说的："始作俑者，其无后乎，以其象人而用之也。"孔子连用俑代替真人陪葬都认为太残忍，因而诅咒发明俑的人绝子绝孙。老师说，其实用俑代替真人陪葬是基于一点仁心，孔子是因为彻底反对陪葬的恶习才说这话的。

我因而想到母亲说用米粉捏的猪代替真猪，也正是一点仁心，可惜传统的陋习无法改变。想起有一回随父母亲去庙里拜佛吃斋。法师大摆筵席款待，端上来香喷喷的全鸡全鱼红烧蹄髈，惟妙惟肖，其实都是豆腐做的。父亲吃得大快朵颐，赞不绝口，母亲却皱起眉头说："看看这些素的荤、荤的素菜，心里很难过。在寺庙里修持，就当全心全意吃素念经，怎么还想着要吃鸡鸭鱼肉。虽然是豆腐做的，心里想的还是大荤啊！"我听了也觉得很矛盾，回来告诉小叔，小叔说："素鸡素鸭，也好像是俑。你妈妈看了仍然不忍，以其像鸡鸭而用之也。"满腹经纶的小叔摇头晃脑那么一比画，我就完全明白了，越发懂得妈妈的心是多么仁慈啊！

如今重温论语，深深体会孔子希望世界上永远没有杀戮的一点苦心。他老人家如果活在今天，眼看国与国之间，自己同胞之间残酷的大屠杀，他岂止是诅咒始作俑者的绝子绝孙呢？

再想想，如果母亲今天还健在，以她吃"三净素"的慈悲心肠，将何以面对社会上种种血淋淋的暴力行为呢！

月光饼

月光饼也许是我故乡特有的一种月饼，每到中秋，家家户户及各商店，都用红丝带穿了一个比脸盆还大的月光饼，挂在屋檐下。廊前摆上糖果，点起香烛，和天空的一轮明月，相映成趣。月光饼做得很薄，当中夹一层稀少的红糖，面上撒着密密的芝麻。供过月亮以后，拿下来在平底锅里一烤，扳开来吃，真是又香又脆。月光饼面积虽大，分量并不多，所以一个人可以吃一个，我总是首先抢到大半个，坐在门槛上慢慢儿地扳开嚼。家里亲友们送来的月饼很多，每个上面都有一张五彩画纸，印的是"嫦娥奔月"、"刘备招亲"、"西施拜月"等等的图画，旁边还印有说明。我把这些五彩画纸抽下来，要大人们给我讲上面的故事。几年的收藏积蓄，我有了一大沓。长大以后，我还舍不得丢掉，时常拿出来看看，还把它钉成一本，留作纪念。

我有一个比我只大两岁的表姑，她时常在我家度中秋节，她也喜欢吃月光饼。有一次，她拿了三张五彩画纸要跟我换一个饼，我要她五张，她不肯。两个人就吵起来。她的脸很大很扁，面颊上还长了不少雀斑。我指着她的脸说："你还吃月光饼！再吃，脸长得更大更扁，雀斑就跟饼上的芝麻那么多了。"这句话真伤了她的心，就掩面哭泣起来，把一叠画纸撕成片片地扔掉，我也把月光饼扔在地上，用脚一踩踩得粉碎。心里不免又心疼又后悔，也就哇的一声哭起来，母亲走来狠狠地训我一顿，又捧了个刚烤好

的月光饼给表姑，表姑抹去眼泪，看看饼，抬眼望着母亲问道：
"表嫂，您说我脸上的雀斑长大以后会好吗？"母亲抚着她的肩
说："你放心吧！女大十八变，变张观音面。你越长大，雀斑就越
隐下去了。"母亲又笑笑说；"你多拜拜月亮菩萨，保佑你长得美
丽。月光饼供过月亮，吃了也会使你长漂亮的。"表姑半信半疑地
摸着月光饼面上的芝麻，和我两个人呆愣愣地对望了好一会儿，
她忽然扳下半个饼递给我说："我们分吧！我跟你要好。"我看看
地上撕碎了的画纸与踩烂的饼屑，感谢万分地接过饼，跟表姑手
牵手悄悄地去后院里，恭恭敬敬地向天上的月亮拜三拜，我们都
希望自己长大了有一张观音面。

　　表姑长大以后，脸上的雀斑不但没有隐去，反而更多了。可
是婚后夫妻极为恩爱，她生的两个女儿，都出落得玫瑰花儿似的。
我们见面时谈起幼年抢吃月光饼和拜月亮的事情，她笑笑说：

　　"月亮菩萨还是听到我的祷告的。我自己脸上的雀斑虽然是越
来越多，而她却保佑我有一对美丽的女孩子。"

　　台湾是产糖的地方，各种馅儿的月饼，做得比大陆上的更腻
口，想起家乡的月光饼，那又香又脆的味儿好像还在嘴边呢！

　　中秋节，一年又一年地，来了又过去，什么时候回家乡去吃
月光饼呢？

长风不断任吹衣

对于读书与写作兴趣之培养，令我不能不饮水思源，感怀当年两位恩师的诲谕。

高一时，国文老师王善业先生，对我读书的指导、心智的启发至多。他知道我在家里跟家庭教师读书时，已经看过两遍《红楼梦》，就教我读王国维的《〈红楼梦〉评论》，由小说探讨人生问题、心性问题。知道我已读过《左传》《孟子》《史记》等书，就介绍我看朱自清的《古书精读与略读》，教我如何消化、吸收。他说读书不要贪多，贪多嚼不烂，等于白读，好书必须精读，把心得感想记在笔记本里，喜爱的句子抄下来，就是心到、手到。如果是自己的书，就在书眉上批加圈点、加批评。这就是"我自注书书注我"。一本书经过一个用心的、会读书的人读过以后，不但人受书的益，书也受人的益。彼此莫逆于心。好比交朋友一般，初见时都只是泛泛之交，深交后如发现意气相投，就成知己之友了。一个人一生一定交过很多朋友，但真正的知音只有几个。正如平生可以过目万卷，而供你一生受用不尽的书不过几部。

王老师谆谆善诱，做的比喻让我心情放松，不致面对浩瀚书海而无所适从。他说如遇到一本你心爱的书，就好比书中人会伸出手来和你相握。古人说的"书中自有颜如玉"其实就是这个意思。至于"书中自有黄金屋"也并非功利思想，那就是指知识性的书，教你如何面对人生，谋求实际幸福。他的解释非常的合于

中庸之道，是儒家的，也是道家的，正和他风度的洒脱一般。

　　那时出版物远不及今日发达，可供课外阅读的书刊不多，但王老师总以新观念灌输我们，教我们懂得旧书新读、古书今读，教我们如何分辨精华与糟粕，不致浪费时间。

　　他知道我们女生都是多愁善感的，捧着旧诗词或《玉梨魂》《黛玉笔记》就看得泪流满面。他笑眯眯地说：诗词是文学的、哲学的，也是艺术的、音乐的。多读诗词，可以净化人生，驱除烦恼。也就是朱晦庵先生"半亩方塘一鉴开，天光云影共徘徊"的境界，此心之所以能清如水，就因有源头活水，而源头活水，就是日新又新的学问知识。他说世间有许多人之所以斤斤较量，心胸狭窄，猜忌仇恨，都是由于不读书，不与古今中外之作者交朋友，这样的人，岂只是面目可憎、言语无味而已。

　　王老师的话，在当时听来觉得太迂阔，也太深奥，但年事渐长以后，愈来愈体会到他的豁达与对莘莘学子的期望、爱心。高中三年，沐浴于王老师的春风化雨之中，使我原本忧郁多感的心，渐渐开展，懂得于哀愁、苦难、挫折中自我砥砺，自我提升。这也就是后来大学的夏承焘恩师所说的："任何生活皆可以过，但求不迷失自我。"

　　夏承焘老师的读书修身之道，与王老师有许多不谋而合之处。他也主张读书在初学不可贪多，但要有方向，有条理地去读。他说陶渊明"好读书不求甚解"是已经把书读通了的人说的，此话害了许多懒惰学生，听得我们哄堂大笑。他以饮茶比喻读书，要从每口水里品味茶香，而不是囫囵吞枣地烂嚼茶叶。

　　他说人生年寿有限，总要严加选择，有几部精强之书，正如有一二可以托生死共患难的至友。他引古人言云："案头书要少，心头书要多。"这句话对我警惕至多。尤其近年来目力日衰，杂务又多，只觉心头书愈来愈少，案头书愈来愈多。旅居海外，书报杂志大批涌来，不读可惜，读又无时间精力，但我至少每份拆开，选出想看的剪下留待有空时再看，也不致辜负寄报纸杂志者的美意。

夏老师勉励我们要培养一双慧眼，慧眼并非天赋，而是由于阅读经验的累积。辨别何者是必读之书，何者是浏览之书，何者是糟粕，弃之可也。如此方可节省时间，集中心力，汲取各家的真知灼见，拓宽自己的胸襟，培养气质，使自己成为一个快乐的读书人。袁子才说得好："双目时将秋水洗，一生不受古人欺。"

秋水洗过的双目，不就是别具的"慧眼"吗？

谈到作诗，夏老师也另有一番诲谕；他劝我不必强求做诗人，却必须有一颗诗心。正如不必一定信奉什么宗教，却必须有一颗虔诚的心。"诗心"就是"灵心"，虔诚的心就是爱心，佛家的慈悲心，儒家的"仁"，孔子说："能近取譬，可谓仁之方也已。"就是将心比心，推己及人，"时时体验人情，观察物态，对人要有儒家怜悯心肠，不可着一分憎恨。"这几句话我几十年来永铭肺腑，也使我于写作中领悟更深的爱，交了更多的真心朋友。

袁子才说"吟诗好比成仙骨，骨里无诗莫浪吟"，我想所谓的"仙骨"，也非天生，完全是由于对人间世相以爱体认而培养出来的。我不求成仙，只要做个快快乐乐的凡人，与人分享快乐，分担忧患，则天堂自在心中，此心比神仙还快乐了。

提起写作，我仍忍不住要再唠叨几句。数十年来，我一直只以一颗单纯的心，从事写作，从来没有试着去探讨生命的价值，文学的使命，也不去烦心迎合什么潮流，或刻意为自己建立起什么风格。我只是诚诚恳恳地，兢兢业业地写我的所见所闻，所思所感，不愿在文字上卖弄技巧，我尤其厌恶时下以色情哗众取宠

的作品。记得王善业老师引林肯的话诲谕我们作文与做人道理之一致。林肯先生说:"对事要以复杂的脑筋,对人要有一颗单纯的心。"此话值得我们深思。一个写作的人,必须细心观察人间百态,但他的关怀只基于一个单纯的"爱"。

处在这个多元化的大时代里,只要你热爱生命,关怀世事,有丰富的同情心,有强烈的是非感,随处都是写作题材。你可以怜惜一花一木,也可以放眼看天下,大题可以小作,小题可以大写。

文学的路是永无止境的,莫泊桑说"天才是由于恒久的耐心",没有耐心的急功好利,即使取宠于一时,也经不起时间的考验。

我永远记得夏老师洒脱地念了他自己的两句诗:

短发无多休落帽
长风不断任吹衣

上一句是谦冲藏拙,不求出风头之意,下一句是表现了兀立不移的风格。

今天复杂的社会形态,也正是"长风不断"变化多端的时代。年轻人要如何把握原则,充实自己,虔诚地读书,虔诚地创作,才见得"长风不断任吹衣"的境界呢?!

万水千山师友情

我手中捏着一把长不及五寸的短剑，但只要向前轻轻一挥，就唰唰唰地伸长为三尺，亮晃晃的，真像是一把龙泉青霜剑呢。设计得如此精巧，是为了出门携带方便，它不是防身武器，而是一支供把玩也供锻炼身体的"宝剑"。

在我心目中，它确实是一把"宝剑"，因为它是我阔别了整整半个世纪的老友王思曾所赠。

对着闪亮的宝剑，我的思绪穿越了五十年的时光隧道，回到了故乡永嘉县。那时我在永嘉县立中学任高一国文老师，王思曾则是高二学生。两间教室紧靠着。下课后，王思曾常与高二好几位同学来与我谈文论艺。

高二的国文是夏瞿禅老师教的。那时是抗战初期，瞿禅师因杭州之江大学解散，回到故乡，也被县中校长聘来教国文。江南第一大词人教中学国文，自是大材小用，但却是县中的无上光荣。我本来就是瞿禅师的学生，由于师母的关爱，特嘱我从简陋的学校宿舍搬出，住到瞿禅师寓所的楼下厢房。因此每天上课，我们师生常是一同步行到学校。遇有大叠作文簿时，王思曾必然是弟子服其劳，代为捧来捧去。亦步亦趋的祖孙三代师生情，一时传为美谈。

谢邻弦歌

瞿禅师的寓所坐落在典雅幽静的谢池巷，那是由于曾任永嘉太守的谢灵运梦中得句"池塘生春草"而命名。所以瞿禅师在住宅大门横额上题了"谢邻"二字，格外引人向往。

最难得的是楼下正屋还住着瞿禅师好友吴天伍先生和他的妹妹吴闻女士。天伍先生是乐清闻名的大诗人，妹妹吴闻也是博古通今的才女。天伍先生才高洒脱，兴来时常于走廊里散步，高声朗吟自己的得意之作，我也随着学唱他的乐清调。王思曾也是乐清人，我们几个人一同唱起来，自是格外悦耳。夏师母听得高兴起来，就亲自下厨为我们炒两大盘香喷喷的肉丝米粉。瞿禅师边吃边赞美，学着新文艺腔，低声对师母说："好妻子，谢谢你。"然后打开话匣子，就有说不完的掌故，唱不完的诗篇。

谢池弦歌之声，遐迩俱闻

不久浙江大学在龙泉复校，瞿禅师应聘去了龙泉，他的高二国文就由我接教。班上的王思曾和好几位爱好文学的同学，都同我非常接近。他们觉得在课堂里读有限的几首古典诗，不够尽兴，乃于星期假日背了黑板到"谢邻"来，大家在光洁的地板上盘膝而坐，由我选出自己最喜爱最有心得的诗词，为他们讲解赏析，也学着瞿禅师的音调带大家朗吟。同学们都认为我唱得铿锵有致，颇得瞿禅师真传。我也因师生情谊之深厚而乐以忘忧。

那时演话剧之风很盛，我是国文老师兼课外活动指导，对话剧很有兴趣，就为同学们编写了一个独幕剧，由王思曾和几位男女同学分任角色，在校庆日演出。一举引发同学的兴趣，乃请得校长同意，决定演出曹禺的《雷雨》，特请当时知名导演董心铭先生执导，与省立温州中学来个比赛。温中演的是《日出》，那是轰动一时的盛举。记得王思曾是自治会学术股长，请我担任同学讲普通话的指导。在当时刚刚开始文明开放的城市里，我那"字不正、腔不圆"的"蓝青官话"，居然还可以指导别人卷起舌头讲"北京话"，自觉得意非凡，真正过了一阵"助理导演的瘾"呢！

无常的聚散

抗战胜利复员回到杭州，我因照顾家庭，暂在浙江高等法院任职，同时在母校弘道女中兼课。此时王思曾已高中毕业来到杭州计划投考北京大学，因一时宿舍尚无着落，我就介绍他到高院任临时办事员，协助我整理法院与我家中战后散乱的图书。我们师生重逢，又能在一个机关工作，自是非常欣慰。

思曾将凌乱的书籍杂志等，细心整理、分类编目列出表册，依次陈列在书橱中，使同仁们借书阅读时一目了然，他工作之有条不紊，俨然是一个有经验的图书管理员。上司对他的赞赏，我自然也与有荣焉。

那一段日子，我们都读了不少文学以外的书籍，获益至多。后来思曾考取了北京大学，我也因调职去了苏州。一年后局势急转，我就匆匆到了台湾，师生就此失去联络，断了音讯，这一断就是悠悠半个世纪。

天外来书

前年，当一封署名沙里、注明王思曾的信，辗转到达我手中时，我不由得一阵迷糊恍惚。急急拆开来，果然是那熟悉的字体，和一帧熟悉的照片。沙里，他就是王思曾，我当年的得意门生。

几十年的音书阻绝，而他学生时代的笑语神情，他的诚恳与干练，我们在永嘉县中学时代师生相处的欢乐情景，一时都涌现眼前。他信中告诉我他是从北京回到故乡，在刚从美国探亲回去的永嘉中学校长处看到我的作品，意外惊喜之下，立刻给我来信。阔别将近五十年，我们又联系上了，这一份欢慰，自是难以言喻的。

嗣后他给我陆续寄来多篇文章，写他回忆在杭州念初中时正值"八一四"中日空战的壮烈情形，写他重访富春江参观郁达夫故居与纪念馆的深沉感想，由于他负责文化宣扬工作，足迹几遍全国，因此也写了许多塞外风光。他文笔洗练，内容充实而风趣，阔别四十余年，读其文如见其人。难得的是他对当年我们的师生情谊，仍念念在心。尤使我感动的是他的一篇《泛舟记》，是读我的《词人之舟》一书所引发的感想。他写道："词的本色是婉约、蕴藉与缠绵，常是情景交融。写景处是写情，写情处亦是写景。讲解的是古人作品，也自然融入讲解者的情思……"足见他对古典诗词体会之深。他文中说："四十多年后的今天，我所能忆起的是青年时代的老师。"他又忆起了在中学时代，他和几位爱好文学的同学，还时常到谢池巷夏瞿禅老师的住宅"谢邻"一同听瞿禅师讲学论词。并引了瞿禅师特为我作的一首《减字木兰花》中句："池草飞霞，梦路应同绕永嘉。"无限的离情别绪，凝聚在他的笔端，令人深深感动。悲悼的是瞿禅师作古已忽忽三年，我前年回大陆，因行程匆促，竟不及到杭州千岛湖他的墓园叩头凭吊。

重逢的欣慰

谈起我前年的回大陆，完全是由于思曾的诚意相邀所促成。他的工作单位是一个文化机构，他总希望在他退休前能为我尽一点心意，使我在垂老还乡之日，能多少享受点旅游参观的方便。我感念他的相邀之诚，就答应与老伴趁体力尚健时一同回去，能与阔别如隔世的长辈、亲友们见面，又得以祭拜先人庐墓，也算了却一生心愿。

从行期确定之日起，我就寝食无心，直到登上去北京的飞机，整整二十多小时的行程中，我未能合眼休息。并不是近乡情怯，而是由于一种梦幻成真的恍惚和惶惶不安。即将见面的亲友们，一位位的面容都浮现眼前。世事的风云变幻，都不能影响我们永恒的情谊。人生年寿有限，以我们沧桑历尽，拨云见日的今天，得以飞越关山，享受重逢的欢乐，真不能不感谢上苍待我们之厚。

在北京机场出口处，第一眼看到的是我尚未见过面却通过无数次信的干女儿谢纠纠。她是我大学同学的爱女，她的美丽端庄，和照片里一模一样。站在她后面的就是王思曾，依旧是他学生时代那一脸诚恳憨厚的神情。在贵宾接待室里，我们"语无伦次"地说着话，感到的是时光倒流的恍惚。

在北京两周的参观旅游节目，都由思曾细心策划安排，由他的助理齐仪小姐陪同招待。她文静和蔼，办事负责周到，她的平易、亲切尤使我感到轻松自在。更有干女儿谢纠纠的嘘寒问暖，与齐小姐一同照顾我们的饮食起居。冰箱里的水果饮料与各种点

心，取之不尽，自思几十年来的劳碌命，还真没享受过这样现成丰厚的清福呢。

我们畅游了名胜古迹，当我在九龙壁前摄影时，忽然想起了逝世六十五年的大哥，他那时十二岁，由父亲带着住在北京，也曾在九龙壁前拍过照。他每次写信都盼我到北京和他相见，但以种种原因不能实现愿望。那时候我才七岁，怎么想得到，来北京的梦，直到七十多岁以后才能实现呢。我俯仰低徊在九龙壁前，想起大哥照片里的童年天真神态，人生奄忽，天地悠悠，我内心的怅触哀伤，并非自悲老大或感慨岁月不多，而是怅恨父亲当年为什么不让母亲和我到北京见大哥最后一面呢！但无论如何，我现在总算已到了北京，在大哥脚步走过的地方，低声喊着他，感觉他就在我的身边和我说话，我应该心安了。

此行最欣慰的是会到了梦寐中想见的朋友们。林翘翘、王来棣是当年永嘉中学的学生。她们都亲切地喊着潘老师，活泼健谈一似当年，却都和思曾一样，已是祖字辈的人了。这一点，我这个老朽只好自叹不如了。还有一位赵树玉，是我执教杭州弘道女中的学生，当年聪颖的少女，如今是人民大学的俄文教授。她不时为我送来衣服与食物，生怕我不能适应气候的变化。纠纠的尊翁谢孝苹是一位诗人、古琴家，又写得一手好书法。我与他虽是同门，却是望尘莫及。他多次为我弹奏古琴，他三岁的小外孙女举起小胖手，踮起脚尖跳舞唱歌，使我越发的乐不可支。

另一个意外的惊喜是纠纠的同事陈萃芳，是我之江大学的学长。她是当年的校花，以演抗日名剧《一片爱国心》的女主角红遍杭城。我们一握手之间，都立刻回到了少年时：之江大学情人桥的曲径通幽，钱塘江的朝暾夕晖，曾留下我们多少旖旎风光和记忆。萃芳姐特别安排了之江大学的各位学长与我共餐欢聚，殷殷相约后会之期。

浓郁的师友之情，使我永铭肺腑。尤不能不深深感谢思曾的诚意邀约。由于他的再三催促，我们才没有错过这宝贵的重逢机会。

后会有期

欢聚半月后，我们不得不依依握别。思曾赠我以宣纸正楷书写的白话长诗一首，我回环默诵，禁不住泪水盈眶。

老同学谢孝苹听我们讲起在大雾迷蒙中夜过三峡，崔巍奇景一无所见的遗憾，他乃挥毫代赋一绝云："滟滪如牛角触忙，猿啼巫峡怨声长。有景朦胧道不得，轻舟载梦过瞿塘。"

载梦原是美事，可是载的是沉重的梦，连轻舟也变得沉重起来。但愿师友无恙，重逢有日，再不必追寻恍惚的梦境了。

最使我高兴的是有一天与干女儿纠纠通电话，她说她会转告沙里伯伯我们对他的挂念，希望不久又可相聚。四岁的干孙女在千山万水之外的那头，娇声地喊："干姥爷，干姥姥，你们快来嘛，我要给你们吃糖球。"

多么甜美的糖球！我们怎能不再回去呢？

另一种启示

因为我服务司法界多年，对于法官的听讼判案，特别有兴趣，感到从其中可以领悟许多世态人情与立身处世之道。对于守正不阿，明察秋毫，有崇高职业道德与真知灼见的法官，尤为敬仰。

曾记得一位老法官训谕我说：要当一个够资格的法官，必须通四理，那就是"法理、文理、事理、情理"。法理是法官的专业智识，不必说要通。文理是文字的训练，没有词能达意的通顺文字基础，何以写处分书、起诉书与判决书？说到事理、情理，则尤为重要。因为无论任何民刑案件，内容都非常复杂。双方当事人与辩护律师，都是振振有词，各有充分理由。一位法官，要在盘根错节的纠结中，分析事态，追究前因后果，判断是非曲直，不仅仅需有最大的耐心，也要有超越的智慧。所谓"智慧"应非天生，而是从虚心的自我充实与不断经验之累积中得来。法官并不是神，判案并不见得次次正确无误，此所以诉讼法中规定予诉讼人以上诉二审三审的机会。但法官应当警惕的是：同样的错误，不能再犯，前事不忘，后事之师。关于人民的生命财产，绝不得掉以轻心。无心的错误可以宽恕，有意的疏忽，不能原宥。孔子赞叹蘧伯玉至七十岁而知过去六十九年之非，就是不断的自我砥砺，自我突破，也就是法官一生兢兢业业、临渊履薄的精神。

老法官的这一席教诲，使我永铭心版。因为他所说的，不仅仅是当司法官的条件，也是每一个人为学处世所应遵守的原则。

他还语重心长地说："你是喜爱文学写作的人，当知道一句话：'世事洞明皆学问，人情练达即文章。'此二语听来顺耳做来难。世事是多么的复杂难测，人情是多么的变幻无常。虽说法律不外人情，但却不能为人情所蔽。判案之际，成见不可有，主见不可无。这就是孔子所说的：'毋意、毋必、毋固、毋我。'以现代语来说，就是尽量地保持客观。你们写诗与散文，固然是主观地直抒胸臆，但写小说与戏剧，则必须设身处地，将心比心。这和我们写判决书时，正是同一心境，那就是保持一颗冷静的头脑，怀抱一腔炽热的心。"

这位老法官，是我在大学恩师之外，启迪我最多的长者，也使我从事于兴趣之外的司法工作二十余年而无怨无悔。

在较闲适的旅居岁月中，收看电视时，也常看各种法庭节目如"最高法庭"、"大众法庭"、"离婚法庭"与"家庭问题法庭"，我最最喜欢看的是"家庭问题法庭"。看那位白发皤皤的老法官，细心地倾听两造律师对双方当事人的询问与陈述，然后心平气和地为他们排解纠纷，指点迷津，他那一脸的恺悌慈祥，真可以化戾气为祥和，给人间带来无限温暖。这正合了孔子说的"听讼，我犹人也，必也使无讼乎"的深长意义。美国的节目制作人，能于清晨舍弃千篇一律的卡通片，与浅薄无聊的罐头笑片，而播映如此富于教育意义与人情味的短剧，在世风日下的今日，多少可以收暮鼓晨钟之功。何况每个剧情，都是根据实际案件编写，演员演来逼真，颇可收警世之效。

今天我收看了一个有关收养问题的案子。一对年轻恩爱的残障夫妇，极盼有一个孩子，就向收养中心登记，领回一个八岁的男孩杰克。在六个月的试养期间，他们就相处得非常快乐，这对夫妇对他爱如己出。杰克活泼好动，曾因爬树跌跤受点擦破的轻

伤。收养中心负责人乃认为残障的人无资格收养四肢健全的孩子，他们只能收养残障儿童，因此坚持要将杰克领回中心。这使得这对夫妇非常伤心，要求留下孩子，负责人不同意而诉诸法庭。两造律师为当事人所作的辩论，都有充分理由。我眼看这对夫妻生怕失去所爱孩子的焦急无奈神情，真担心他们会败诉。最感人的是他们说的一句话："我领养孩子是由于全心的爱，有爱就可克服一切困难。"

法官只是静静地谛听，待双方都陈述申诉完以后，他说："我要先跟杰克谈谈，请你们静候。"他起身回到自己的办公室，轻轻带上房门，小杰克已经坐在书桌边一张大大的椅子里，满脸急迫地望着老法官。

"嗨，杰克，你吃过早餐吗？"像见到老朋友似的，法官和蔼地问他。

"吃啦，珍妮为我做了好吃的甜饼，我吃得好饱啊！"杰克摸摸肚子，高兴地说。

"你知道我要和你说什么吗？"

"我知道，是那个领养中心要把我带回去，亨利和珍妮舍不得我。"

"你舍得他们吗？"

"我也舍不得呀。"

"那么你和他们在一起很快乐啰！"

"快乐极了。"

"他们有没有强迫你或不许你去做什么呢？比如爬树啦，游泳啦。"

"没有呀。亨利总是推着轮椅跟我一起玩，有时我把脚踏车架在他轮椅后面，推着他跑，好玩极了。游泳的时候，他就坐在游泳池边看，给我拍手。我们玩累了就回家吃珍妮烤的甜饼。你知道吗？有一种草莓酱夹的甜饼，好吃极了。珍妮真了不起，亨利说她有一双魔手。"

"你学校里的小朋友有没有到你家来，和你一起玩？"

"哦！"杰克迟疑了一下说，"起先有很多，后来就少了。他们看看亨利和珍妮坐轮椅，显出有点奇怪的样子，后来就不大来了。只有一个朋友，他叫约翰，还是常来。他真好，他和亨利、珍妮很谈得来。"

"你不在意另外的朋友不再来吗？"

"我不在意，我知道亨利和珍妮也不在意。因为他们爱我，我也爱他们。"

"杰克，你仍然喊他们名字，为什么不喊他们爸爸妈妈？"

杰克惶惑地望着法官，半晌才说："因为我原来是有自己的爸爸妈妈的啊！"

"我知道，但是他们已经到天国去了。现在亨利和珍妮这样爱你，你就可以喊他们爸爸妈妈呀。"

"但是我自己的爸爸妈妈在天上听见了会不会不高兴呢？"

"不会的，孩子，他们只会更高兴。因为他们离你太远了，他们只能远远地祝福你，不能照顾你。现在有新的父母照顾你、爱你，他们就放心了。"

"好，那么我就喊他们爸爸妈妈。"

一席谈话以后，老法官又回到法庭上，以肯定的语气对双方宣示说："我和杰克谈过了。我已深深了解，我的判决是杰克应由亨利和珍妮夫妇收养，因为他们已经是骨肉相连的亲子之情。"

他又转向收养中心的负责人说："你所担心的残障人不能对孩子尽照顾之责是过虑的，也多少有点偏见。你认为残障的双亲只

能收养残障的儿童，是犯了歧视的不正确心态。要知道，爱是最大的力量，爱可以克服一切困难。珍妮刚才已说过了，这是一个明证。要知道，身体的残障，无损于爱的完整。亨利和珍妮夫妻，给杰克的是完整的爱，你放心吧！"

案子结束了，老法官最后又语重心长地对大家说：

"我办案听证数十年，只把握一个原则，就是用爱心来体验每一个人的心情，分析每一件事理。我的愿望是世间永远只有和睦相亲，不要有纷争怨怒。我高兴的是许许多多的争执与不愉快，经我的劝说，都能言归于好。这样才不违背上天的旨意，愿上帝祝福你们。"

白发如银的慈祥老法官，徐徐步下法庭时，小杰克从法庭门外奔入，热烈地拥抱亨利和珍妮，连声喊："爸爸、妈妈，我爱你们，我好爱你们。"

看到这幕情景，收养中心负责人不但被说服，也深深被感动了，她立刻上前向那对欢欣欲狂的残障夫妇紧紧握手，向他们致深深的歉意，更全心祝贺他们家庭幸福。

关上电视机，我心头溢漾着无比的温暖。深深庆幸，这个纷纷扰扰争名逐利的社会里，在人们心底，仍在点燃着爱的火苗。如能扩而充之，是可以照耀全世界的。

儿子的礼物

一位好友的女儿，寄来她在报上发表的一篇文章给我看。内容是写她十几岁的儿子在幼年时亲手雕了一对烛台送给她，做母亲的当然是万分的宝爱。儿子渐渐长大了，有一天，他发脾气，顺手拿起一只烛台扔向母亲。母亲于吃惊与盛怒之下，拾起地上的烛台，竟把柜子上的另一只一起扔进垃圾桶。儿子怔在那里，怨怒的眼神里仿佛在说："你扔吧，给你的东西，你爱怎么扔就怎么扔。"第二天一早，她后悔了，去垃圾桶边想把烛台拾回来，却已被清道夫收拾走了。

她心头感到无比的刺痛，尤其是想起儿子当时雕刻的那番心意和所花的工夫。她叹息道："为什么美好的东西，总是在失去之后才觉得格外可爱？"

看着她的文章，我止不住泪水涔涔而下。我感触于母心之苦涩，也悔恨自己既不是一个孝顺体贴的女儿，又不曾扮演好母亲的角色。如今以垂暮之年，纵横老泪，也冲不去心头的伤痛。

和作者一样，我也有一样儿子的礼物，那是在童年时他用火柴棒搭起来的立体"快乐"二字。那真是玲珑剔透、巧夺天工。我是那么的珍惜它，把它放在玻璃橱最妥帖最显著的地方。年复一年的，火柴棒的红蒂头褪色，骨架因胶水渐渐脱落而松散了，它已不能竖起放，我只好把它小心地收在一只盒子里。几度的搬迁，我总是小心地带着它。现在，它就放在床边书架上。我常常

端起盒子细看，真不能相信这是儿子的杰作。悠悠二十年岁月的痕迹，都刻画在那一根根带有微尘的暗淡火柴棒上，而它所给予我的是那一份诚挚的"快乐"。我心里有太多的感激，也有太多的感慨。

记得那个深夜，他把房门关得紧紧的，亮着灯不睡。我总当他偷看从摊上借来脏兮兮的"小人书"，几次敲门催他睡，他只是不理，我气得一夜未睡好。次晨他上学了，却见书桌上端端正正摆着这件精致的手工，边上一张卡片，写着："妈妈，给你快乐。"我的感动无法名状，我真是快乐了好多好多时日啊！

他渐渐长大了，我们母子时有争吵，他曾忿怒地出走数日不归，我守着虚掩的大门通宵达旦，我看着"快乐"二字泫然而泣。固然儿子并没像这位朋友的孩子那样，拿起自己做的手工扔向我，但他对我珍惜这件礼物所表现的无动于衷，却使我心酸。每次央求他修补一下火柴棒的骨架，他总是漫不经心地一再拖延。我了解这是无法勉强的，时光不会倒流，童稚亲情不复可得。儿子成人了，我已老了。当年母亲说得对，"一代归一代，茄子拔掉种芥菜"，母亲那时已知代沟之无法弥补了。

我再想想这篇文章的作者，是我看她长大的，她在初中时，每周两次的夜晚，带了两个弟弟，背着书包到我家来读古文。他们的专注神情都在眼前，一下子他们也将近中年了。她现已是两个孩子的母亲，也尝到了做母亲的滋味。但在给我的信中，她仍幽默地说："母亲来时，总是看了我事事不顺眼。"这就是两代的不同吧。

其实在我心目中，她母亲是个新派人物，对子女的教育极为开明，不像我对儿子的管教是一个钉子一个眼，无怪会引起他的反感了。

几年前，她和双亲同来我家小聚，她的娴静、深思和谈吐的优雅，总使我想起她少女时代的无忧神情，怎么她今天也会为母子偶然的冲突而恼怒呢？

她在文章结尾时说："希望儿子成长为一个有用而快乐的人。"足见母心尽管苦涩，却是永远满怀希望的。

她道出了天下父母心，也给了我一份温暖与启示。

我也不要再为儿子送我的那一对骨架松散的"快乐"二字，而感触万千了。

琦君散文

浮生小记

闲　情

　　灯下阅读，时时有细黑如芝麻的虫飞来，在书页上盘旋，久久不去。这是室内盆栽上的小飞虫，有如不知晦朔的朝菌，十分可怜，因此我只用嘴轻轻将它吹去，不忍用手指掸拂，生怕用力过猛，会伤害微弱的小生命。但因灯光温暖，小虫飞走了又回来。不免感到有点干扰。转念一想，小虫也当有它享受灯光温暖的自由，何况这点空间也并非专属于我的，我若赶走它，岂不是我的自私呢？我再仔细观察小虫张开翅膀飞动，和停留纸面上爬行的安详姿态，实在非常可爱。这正是"万物静观皆自得"，我与小虫一样地享受了一分悠游的情趣。

　　大自然中，莫说是会爬的昆虫，会叫会跳的猫狗，就连一草一木，都有它们欣欣向荣的生机。我屋子里的许多盆栽，一年四季，绿意盎然。每于俯身浇水时，它们都似在对我点头微笑，送来阵阵清香。我不时摸摸那娇嫩欲滴的绿叶，深感与草木互通情愫的乐趣。

　　想起我孩子幼年时，于天真烂漫中流露一片爱心。他看到盛开的花朵时，高兴地用小手指在花瓣上轻轻点一下，却马上缩回来说："不要摘它，它会痛哟。"看到地上蚂蚁成群地搬运饼干屑，他绝不用脚去踩踏，只趴下来守着它们仔细地看，嘴里喃喃地念着："快快搬，快快回家看妈妈。"那一脸稚气的关怀，使我好欣慰。他念小学时，看到马路上无家可归的小狗小猫，就抱回来要

求我抚养。惭愧的是我没有收容野狗野猫的条件，工作又忙，只好把困难的理由婉转向他说明，他点头默然无语，却仍怏怏不乐好多天。

看他抱着不得不送到收容所的小狗小猫，轻声细语地对它说："喊我哥哥呀，哥哥好舍不得你啊。"我心中真是不忍。幼小的心灵，怎能体会大人们现实的困难，怎能理解人世间总有许多的无奈呢？

每当他抱怨地说："妈妈叫我爱护小动物，您自己却是说到做不到。"我总是无言以对。想想唐朝的穷诗人杜甫，但愿有广厦千万间，以接纳天下寒士，我也恨不得能有力量建一所动物收容所，使无家可归的小动物得以享受温饱。这虽是妇人之仁，多少也体会得一点天地好生之德吧。

儿子已逾而立之年，他那一脸的纯真稚气，仍与幼年时一般无二。他曾好几次问我："妈妈，你为什么不养一只猫或一只狗呢？"

我说："我未始不想养，只是现实困难重重。譬如出门旅游时，托谁照顾呢？我们年纪大了，自顾不暇，万一有病呢？"我又叹了口气说，"我还是跟满屋子的花花草草说话，也就乐在其中了。"

他听了欷欷地笑了一下，默不作声。他是否能体会得二老与花草说话时，所谓"乐在其中"的心情呢？

羁旅海外多年，老伴已经退休，在家时间多了。我们相看两"生"厌之余，常是坐对一室花草，反觉无声胜有声。我不免打趣地问他："宋代词人说：'树若有情时，不会得青青如此。'你这个没嘴的葫芦，比树如何呢？"他笑答道："树无情，才能长青。人有情，乃得白头偕老啊。"

一对金手镯

粽子里的乡愁

读书琐忆

我自幼因先父与塾师管教至严，从启蒙开始，读书必正襟危坐，面前焚一炷香，眼观鼻、鼻观心，苦读苦背。桌面上放十粒生胡豆，读一遍，挪一粒豆子到另一边。读完十遍就捧着书到老师面前背。有的只读三五遍就琅琅地会背，有的念了十遍仍背得七颠八倒。老师生气，我越发心不在焉。肚子又饿，索性把生胡豆偷偷吃了，宁可跪在蒲团上受罚。眼看着袅袅的香烟，心中发誓，此生绝不做读书人，何况长工阿荣伯说过："女子无才便是德。"他一个大男人，只认得几个白眼字（家乡话形容少而且不重要之意），他不也过着快快乐乐的生活吗？

但后来眼看五叔婆不会记账，连存折上的数目字也不认得，一点辛辛苦苦的钱都被她侄子冒领去花光，只有哭的份儿。又看母亲颤抖的手给父亲写信，总埋怨辞不达意，十分辛苦。父亲的来信，潦潦草草，都请老师或我念给她听，母亲劝我一定要用功。我才发愤读书，要做个"才女"，替母亲争一口气。

古书读来有的铿锵有味，有的拗口又严肃，字既认多了，就想看小说。小说是老师不许看的"闲书"，当然只能偷着看，偷看小说的滋味，不用说比读正经书好千万倍。我就把书橱中所有的小说，一部部偷出来，躲在远离正屋的谷仓后面去看。此处人迹罕到，又有阳光又有风。天气冷了，我发现厢房楼上走马廊的一角更隐蔽。阿荣伯为我用旧木板就墙角隔出一间小屋，屋内一桌

一椅。小屋三面木板，一面临栏杆，坐在里面，可以放眼看蓝天白云，绿野平畴。晚上点上菜油灯，看《西游记》入迷时忘了睡觉。母亲怕我眼睛受损，我说栏杆外碧绿稻田，比坐在书房里面对墙壁熏炉烟好多了。我没有变成四眼田鸡，就幸得有此绿色调剂。

小书房被父亲发现，勒令阿荣伯拆除后，我却发现一个更隐蔽安全处所。那是花厅背面廊下长年摆着的一顶轿子。三面是绿呢遮盖，前面是可卷放的绿竹帘。我捧着书静静地坐在里面看，绝不会有人发现。万一听到脚步声，就把竹帘放下，格外有一份与世隔绝的安全感。

我也常带左邻右舍的小游伴，轮流的两三人挤在轿子里，听我说书讲古。轿子原是父亲进城时坐的，后来有了小火轮，轿子就没用了，一直放在花厅走廊角落里，成了我们的世外桃源。游伴们想听我说大书，只要说一声："我们进城去。"就是钻进轿子的暗号。

在那顶轿子书房里，我还真看了不少小说呢。直到现在，我对于自己读书的地方，并不要求如何宽敞讲究，任是多么简陋狭窄的房子，一卷在手，我都能怡然自得，也许是童年时代的心理影响吧。

进了中学以后，高中的国文老师王善业先生，对我阅读的指导，心智的发现至多。他知道我已经看了好几遍《红楼梦》，就教我读王国维《红楼梦评论》。由小说探讨人生问题、心性问题。知道我在家曾读过《左传》《孟子》《史记》等书，就介绍我看朱自清先生《古书的精读与略读》，指导我如何吸取消化。那时中学生的课外书刊有限，而汗牛充栋的旧文学书籍，又不知如何取舍。他劝我读书不必贪多，贪多嚼不烂，徒费光阴。读一本必要有一

本的心得，读书感想可写在纸上，他都仔细批阅。他说"如是图
书馆借来的书，自己喜爱的章句当抄录下来，如果是自己的书，
尽管在书上加圈点批评。所以会读书的人，不但人受书的益处，
书也受人的益处。这就叫做'我自注书书注我'了"。他知道女
生都爱背诗词，他说诗词是文学的，哲学的，也是艺术音乐的，
多读对人生当另有体认。他看我们有时受哀伤的诗词感染。弄得
痴痴呆呆的，就叫我们放下书本，带大家去湖滨散步，在照眼的
湖光山色中讲历史掌故，名人轶事，笑语琅琅，顿使人心胸开朗。
他说读书与交友像游山玩水一般，应该是最轻松愉快的。

　　高中三年，得王老师指导至多，也培养起我阅读的兴趣，与
精读的习惯。后来抗战期间，避寇山中，颇能专心读书，勤作笔
记。也曾手抄喜爱的诗词数册，可惜于渡海来台时，行囊简单，
匆遽中都未能带出，使我一生遗憾不尽。现在年事日长，许多读
过的书，都不能记忆，顿觉腹笥枯竭，悔恨无已。

　　大学中文系夏瞿禅老师对学生读书的指点，与中学时王老师
不谋而合。他也主张读书不必贪多，而要能选择，能吸收。以饮
茶为喻，要每一口水里有茶香，而不是烂嚼茶叶。人生年寿有限，
总要有几部最心爱的书，可以一生受用不尽。有如一个人总要有
一二知己，可以托生死共患难。经他启发以后，常感读一本心爱
之书，书中人会伸手与你相握，彼此莫逆于心，真有上接古人，
远交海外的快乐。

　　最记得他引古人之言云："案头书要少，心头书要多。"此话
对我警惕最多。年来总觉案头书愈来愈多，心头书愈来愈少。这
也许是忙碌的现代人同样有的感慨。爱书人总是贪多地买书，加
上每日涌来的报刊，总觉时间精力不足，许多好文章错过，心中
怅惘不已。

　　回想当年初离学校，投入社会，越发感到"书到用时方恨少"。而碌碌大半生，直忙到退休，虽已还我自由闲身，但十余年来，也未曾真正"补读生来未读书"。如今已感岁月无多，面对爆发的出版物，浩瀚的书海，只有就着自己的兴趣，与有限的精力时间，严加选择了。

　　我倒是想起袁子才的两句诗："双目时将秋水洗，一生不受古人欺。"我想将第二句的"古"字改为"世"字。因他那时只有古书，今日出版物如此丰富，真得有一双秋水洗过的慧眼来选择了。

　　所谓慧眼，也非天赋，而是由于阅读经验的累积。分辨何者是不可不读之书，何者是可供浏览之书，何者是糟粕，弃之可也。如此则可以集中心力，吸取真正名著的真知灼见，拓展胸襟，培养气质，使自己成为一个快乐的读书人。

　　清代名士张心斋说："少年读书，如隙中窥月。中年读书，如庭中赏月。老年读书，如台上望月。"把三种不同境界，比喻得非常有情趣。隙中窥月，充满了好奇心，迫切希望领略月下世界的整体景象。庭中赏月，则胸中自有尺度，与中天明月，有一份莫逆于心的知己之感。台上望月，则由入乎其中，而出乎其外，以客观的心怀，明澈的慧眼，透视人生景象。无论是赞叹，是欣赏，都是一份安详的享受了。

恩与爱

今年五月间，我写了一篇《愿天下眷属都是有情人》，发表于《中华副刊》，由此间《世界日报》家园版转载，引起相当多的回响。那时正接近情人节。有一个商店的老板夫妻吵架，丈夫就在情人节那天登一个启事，向妻子道歉，恳求她能和他永久维持有情人的心情。记者还特地去访问了他们，说："有情人成眷属不难，成眷属后要永作有情人才难！"正印证了我那篇小文的意思。

全美妇女联谊会副主席打电话来，约我参加一个情人节的座谈，题目就是"愿天下眷属永是有情人"，她另外请了北美协调会吴主任的太太，圣约翰大学张龙延教授、哥大熊玠教授，还有刘墉、丁强两位先生，一共六个人谈这个主题。大家说的意思，归纳起来约有下列几点：

一、婚前是爱情，婚后是恩情，爱情是炙热的、动荡的，恩情是温柔的、稳定的，双方由于情深似海而结合，成了夫妻以后，尤当义重如山，才能永久。

二、尊重对方，就不会时常吵架，举案齐眉的时代已成过去，但能相敬如宾而不致如"兵"，却是要彼此尊重。尊重更包含了宽厚、谅解、忍耐，连对方的缺点都能欣赏，自然就不会觉得不舒服了。一般所谓的"因不了解而结合，因了解而分手"，就是因为不能容忍，不能尊重对方所致。

刘墉讲了一个笑话说，一对夫妻吵架，太太摔东西，把先生一个心爱的瓷缸打破了，先生一言不发地用胶水与油漆补缸，补好了第二次又被摔破，先生耐心地再补。朋友们问他怎会有如此耐心，他笑笑说，"这个缸本来不值几文钱，被太太砸碎几次，我修补几次，就成了百裂花纹的古董，才真是无价之宝呢。"太太听了内心十分感动，从此不再吵架了。这个故事非常美。

三、充实自我，尽量投入对方的兴趣与学问之中，共同享受生活情趣，而且努力予以培养。

这一点在今日有智识妇女说来，似不成问题，其实也时常被忽视。因为夫妇各有各的工作岗位，常常会各忙各的。忙得连见面谈话时间都很少。以前，我有位朋友对我说："我们夫妇日日碰头，长远不见。"意思是说彼此的疏离不关切。所以无论如何为事业忙碌，必须要抽出时间一同旅游、休息一下疲惫的身心。旧日惺惺相惜的情愫将会再生。

现在家庭计算机如此发达，先生有兴趣玩计算机，太太也应该尽量参与学习，可以增加情趣，否则先生一头栽进计算机，太太就会有被冷落疏离之感。有一位太太风趣地说丈夫退休后有了新欢，她不愿退让贤路，就是指的计算机。

四、培养幽默的情趣。俗语说舌头与牙齿最亲，而牙齿常常把舌头咬出血来，过一下子就好了。所以夫妇之亲，没有不吵架的。正所谓不是冤家不碰头。如"宾"、如"兵"，都无妨，只要不至如"冰"就好了。若到了彼此冷若冰霜，漠不相关的地步，那就是悲剧的前奏了。

熊玠教授说了男人的"三从四得"，提供大家参考：三从是太太外出要跟从，太太吩咐要服从，太太命令要盲从。四得是太太生日要记得，太太发火要忍得，太太花钱要舍得，太太出门化妆要等得。这三从四得，大家也许都耳熟能详。其实岂止是做先生的要如此，做太太不也一样吗？

记得从前萨孟武教授说过维持婚姻的原则是 ABCDE，即 Appreciation, Belief, Cooperation, Dependence. Endurance。

就是相互能欣赏、互信、互赖、相互合作与忍耐，可为婚姻带来永久幸福，无论中外都是一样。

其实，自然之道，总是刚柔并济。男刚女柔，容忍的大都是女方。再能干的女强人，如果在家也是颐指气使，惟我独尊，家庭生活一定不会美满。因为在家中，她扮演的是妻子与母亲的角色。英国女王下朝回来，敲房门时自称女王，公爵就不开门。她改口柔声说："是你妻子呀！"门就开了，男人就是得还他那一点尊严，做妻子的又何必吝啬那一句柔情的话呢！

我也补充了一个小故事，有一次在一个全是女性的聚会上，谈着谈着，不免谈一点家庭与职业兼顾的苦经，也不免埋怨几句"大男人主义"的丈夫不够体谅。有一位朋友问，如果下一辈子重作女儿身，愿不愿意仍嫁回原来的丈夫？大家都还愣愣也没作声，一位数落丈夫最最咬牙切齿的太太大声地说："我愿意。"大家颇为吃惊她的勇气，她又咬牙切齿地补充说："我已经适应了一生，何必再费心思去找寻别的男人？何况天下男人的那种脾气，还不都一样。"

听得大家都笑了。

总之一句话，夫妇之道，情必须包括恩与爱，有恩无爱不会快乐，有爱无恩不会永久，此所谓"恩爱夫妻万事谐"也。

浮生小记

笔筒

好几位朋友不约而同地送我笔筒，每一只都很各有特色。我把它们一字排开在书桌上，慢慢儿欣赏。

可惜的是我已砚田久废，不写毛笔字了。这么雅致的笔筒，插的都是一大把原子笔和铅笔，自己看了都惭愧，深感辜负了好友赠与的美意。

偏偏老伴又说："看你吧！笔筒比笔多，笔比文章多，文章比读者多。"

听他这话，我真该停笔了吧！

函购

每天总会在信箱里抓出大把的垃圾邮件，全是商品推销广告。偶然得闲打开看看，那些服装的色调款式，穿在仪态万千的模特儿身上，看去确实让你动心而引起购买欲。尤其以我这个不会开车的人，能够足不出户而以函购方式，买到一袋价廉物美的服装，又何乐而不为。何况广告上说的，可以免费试穿二周，不合意原件退回，不收分文，一点也不会吃亏。

于是我就选择了自己喜爱的式样、颜色，填上尺寸号码寄去，盼望他寄来，一穿就合身。左等右等，却寄来一纸通知，要我先寄支票去。我想好在钱也不多，就把支票寄去了。

一周后寄来了货品，兴冲冲打开一看，竟不是我指定的颜色，勉强试穿又不合身。

老伴说："洋人的尺寸对你根本不适合，你应该买童装呀。"

我一气之下，原件退回，要他立刻退还支票。谁知他并不退还支票，却又寄来一套较小的尺码，不同的式样，附了一封很客气的信说："同样的款式没有了，希望这一套你会喜欢。"我已没有兴趣，也没有体力再跑邮局，再花挂号费寄回了。只好把它留下，压在箱底，等圣诞节捐给救世军吧。

老伴说："早告诉你，便宜无好货，你不相信。"

我说："我不是贪便宜，我是想省点时间精力，哪知反而上当。"

他说："商人为了撇清陈货，引诱你购买，当然是好话说尽，等钱到了手，哪有退还之理？好了，上一次当学一次乖，何况上当有个货在。"

我真是学了一次乖，永不再相信商人的推销术了。俗语说："只有你买错，哪有他卖错。"这才是"便宜就是吃亏"呢！

惊魂当此际

有一天，我们有事去纽约，车已将到目的地了，我忽然想起炉子上烧着开水，用的又是大火，这么长时间，必定是水烧干了，壶烧熔了，掉在地上，酿成大灾。这怎么办，我愈想愈惊慌，他一言不发，沉着脸，踩足油门，以最快速度飞车赶回。一路上我

真是失魂落魄，度秒如年，恨死了自己的健忘症。

好容易到达小区，远看四周静悄悄的，车道上并没有救火车停留，大概还没出事吧。我下车飞奔入屋，跨进厨房，却并没有预料的一股热气扑来。再一看炉子上，静静地坐着那把叫壶，壶嘴盖子都未关上，竟是满满的一壶冷水。原来我把它放上炉子，却忘了扭开火。

真是谢天谢地，向来健忘总是误事，这一次却因健忘得保平安。

夜游夫妻

在一位老乡朋友家小聚，她厨房地板上出现一条浑身软绵绵的小虫，老乡说我们家乡称这种虫为"夜游"，都在夜晚出来觅食，而且必定是成双作对的，出现一条，必定会有另一条紧紧跟随。她吩咐孩子们不要加以践踏，让它静静地等待它的伴侣。可是她儿子不知道这种情形，就抓了一把盐撒在它身上，不久它就会化为一摊黄水了。原来盐是夜游的克星，看起来实在是非常悲惨的。更悲惨的是，过不多久，果然出现另一条夜游，蜷伏在那摊黄水旁边，头紧紧碰着那只剩下一点点的颤抖着的顶端，似在泣诉着生离死别的哀痛，原来它们真是一对同生共死的"夜游夫妻"啊！

父母之爱

晚间在电视上看见一对非常美丽的鸳鸯鱼，边上围绕着一群小鱼，嬉戏游乐，看去必然是其乐融融的一个家族。忽然一条凶猛的大鱼来袭击了，那条较大的公鱼就奋不顾身地去迎敌，令人惊奇的是母鱼竟张开嘴巴把小鱼统统吸入口中，又张开两鳃给它的子女通空气。待公鱼将敌人击退以后，它马上又把小鱼一条条吐出来。懵懵懂懂的小鱼，一点也不知道它们的父母为它们挡过一场大灾难呢。

这一幕情景，看得我目瞪口呆。谁能说低等动物的虫鱼没有灵性呢？它们并不冷血，它们有夫妻之情，有亲子之爱。为了保护子女，它们的勇敢与机智并不亚于人类呢！

揠苗助长

朋友送给我们一盆非洲堇，塑料盆底没有漏水孔。这样的钵子养花一定不能长久，因为泥土太湿，根会烂掉。这根本是花店骗钱的玩意儿，供你摆上一周半月，也就值回票价了。但因叶子姿态好，我就格外的小心伺候，把它摆在有充分阳光却不是直射的地方，每次用手指插入泥土中，感觉很干了才敢加少许的水，却绝对不能在叶子上洒水，叶子一碰到水马上会烂掉。

因为我招呼得法，这株非洲堇居然欣欣向荣，叶子愈长愈壮，四面八方张得大大的、圆圆的，煞是可爱。不久团团的叶子正中央，长出一根紫色的苗，渐渐地一枝又一枝分岔开来，上面全是花苞，我真是喜出望外，就在水中加几滴营养液，小心翼翼地从盆子四周平均浇下去。一两天以后，花苞一齐开放，是紫色的花，黄色的花蕊，散发出一缕清香，叶子上有着细细的绒毛，亮晶晶的就跟缎子一般。花一簇又一簇愈开愈茂盛，花叶交辉，实在是美丽极了。这是我所养的室内植物中，唯一开出花来的盆栽，所以格外使我高兴。另一株昙花养了将近四年，枝叶繁茂无比，却

就是不开花，我称它是哑巴花。如今有了会说话的非洲堇与它做伴，哑巴花该不致寂寞了。

我总是担心草本的花木生命不会长，尤其是养在塑料盆中，很想给它换下盆子，又怕它正在开花之时，移动一下会影响它的"心情"。所以仍只是每周一次浇水，使它的泥土干湿适度，它就一直欣欣向荣地开花。开了两个多月的花不谢，而且叶子愈长愈大，离泥土也愈来愈高。那一副茁壮的神情，看了真使人欣喜万分。

很久以后，有几朵花儿逐渐开始萎谢了。我想使其他的花朵能多多保持营养，就用剪子小心地把残花剪去，免得它费力挣扎。没想到一剪下去，花梗上立刻溢出一滴清露。我心里好不忍，但已无法补救。第二天一看，被剪去残花四周的花朵，竟全部萎谢了。才知道它们原是同气连枝，即使是其中的一朵提前萎谢，它的元气，它的营养，仍然会传递给其他的姊妹花朵的。我这个急性子却是剪断花枝，摧残了它的生机。我是多么的后悔啊！

以后我再也不敢冒失地去碰它，只小心呵护，让花儿自然萎谢。不久忽发现其中有一朵的花心，结出一颗绿色的珠子来，我又是喜出望外。这颗圆润的珠子，是否就是传递下一代的种子呢？我想一定是的，我且静静地等待吧！

时间、时间

谁都知道，"杀时间"是从英语 Kill Time 直译过来的，已成了流行的现代语。有人说："你不杀时间，时间会自杀。"其实时间不会自杀，而是会来杀你。杀得很凶。你的皮肤皱了，眼睛花了，四肢不灵活了，不是时间戮的刀痕吗？

一个人从呱呱坠地开始，就被时间追着一寸寸地戮，直到老年被戮得遍体鳞伤，谁能逃得掉呢？

现代人挂在嘴上的一句话就是："我要赶时间。""我要抓紧时间。"其实你能赶得上，抓得住吗？时间一不高兴，向你摆摆手，你就没有时间了。

时间的最伟大处就是它的公平。无论贵贱贤愚，一视同仁。记得有个简单的谜语："人人见我懊恼，个个落我圈套，待时辰一到，谁也逃不过。"谜底是什么，也就不必说穿了。

古人有两句诗："青山本是伤心地，白骨曾为上冢人。"感慨那墓中人当年也是来上坟的人，今天祭坟的人，迟早也将成为墓中人。把时、空、人三者都浓缩在短短十四个字中，多念几遍，就四大皆空了。

苏东坡有首悼亡友的诗句："三过门间老病死，一弹指顷去来今。"他虽深悟禅理，仍不免感慨人世的无常，时间的不留情。

时间既然是如此的捉弄人，我们是否可以不要去赶它、杀它，也不要在心理上被杀呢？老子说得好："人之大患，在我有身。"

这个"大患"，就是佛家所说的"攀缘心"。念念不忘生、老、病、死，就会更受此四者的折磨。

我有位邻居老太太，老伴去世后，曾一度非常沮丧，渐渐地又恢复了生龙活虎般的生活情趣。我们在邮筒边相遇时，她总捧着一大把信，兴高采烈地告诉我，她把商品广告上的优惠券，一张张剪下归类，分别寄给各慈善机构应用。她还用彩色广告纸折叠出立体玩具寄给孙辈玩。最难得的是对半丝半缕，和小小花布碎片，都利用来拼制出可爱的小娃娃。她说："年轻的妈妈们都太忙，没工夫做，我有的是时间，何况多用针线缝缝补补，双手也会灵活些呀。"

明亮的阳光，照在她脸上，显得每一条皱纹中都充满了喜悦。她没有赶时间，没有杀时间，时间也不赶她，不杀她，她的笑容呈现出一片冲和气象。

我不由得想起先师的名句："不愁折尽平生福，但愿虔修来世闲。"像这位老太太，才是懂得不折福，又能享受"今"世闲的人啊！

尊重生命

尊重生命

有一次，我看见一个朋友的孙子用一支竹竿使力戳笼中的小鸟。小鸟吱吱地哀叫。我过去阻止他不可虐待小鸟。

他生气地说："为什么不可以？鸟是我爸妈买给我的。"

我说你要爱护小鸟，它是小生命，它也有爸爸、妈妈呀！

他更生气地说："我不要听你说话，我不跟你玩了。"

"我也不跟你玩了，你一点也不可爱！"我生气地说。

这是我第一次对小孩子这样生气地说话的。

流浪狗

一位朋友，养了一只爱犬，又收留一只流浪狗。爱犬天天抱在手上，流浪狗却蜷伏在走廊一角，从来不敢进客厅。

朋友告诉我，流浪狗在一个风雨之夜失踪了，我难过得哭了。其实，我并没有见过那只可怜的流浪狗哇！

生命原本没有贵贱之分，只看你是否能有对万物的同情心。

喜欢动物的小孩

有些小孩很残忍，喜欢虐待动物；有些却天性仁厚，非常可爱。我的儿子就很喜爱小动物。他童年时救过很多流浪的猫狗。每次看见在地上搬运粮食的蚂蚁，他就会喃喃地念："蚂蚁好乖，好勤快，哥哥好喜欢你呀!"他把小动物、昆虫都当做自己的弟弟、妹妹，自称为哥哥。看他一脸忠厚的憨态，真叫人心疼。一转眼，六岁的孩子已经四十岁了。这三十几年的光阴是怎么飞逝过去的呢?

春的领悟

我住处的环境很幽静，每幢毗连的房屋都有不同的格式，门前的草坪树木修剪得整整齐齐，每天在人行道上散步，饱餐了秀色，这是在台北难以享受到的福分。

今年纽约的春，跟在长长的隆冬之后，迟迟地来，匆匆地走。才见花开满枝，转眼间便已绿叶成荫了。但无论如何，我还是幸运地赶了两个春。在北卡罗来纳州的杜克大学校园中欣赏了雨中的紫藤与郁金香，回来后在住所门前又守着山茱萸由含苞而绽放。接着是樱花、杜鹃、玫瑰以及各色不知名的奇花异卉。你再不能相信，被压在冰雪中的枝条，霎时间会爆出嫩绿新红，封闭在三尺白雪下的枯草，如今已是绿茵一片。古人常叹"蒲柳之质，望秋先萎；松柏之姿，经霜愈茂。"台湾四季长绿，不容易感觉这一点，在此送冬迎春中，我却发现蒲柳与松柏一样的经霜愈茂，一样的坚忍不拔。因此，也千万别小看一根柔弱的细草，在岩石缝中，在霜雪的摧折下，它仍挣扎着冒出地面，与百花万木争荣。

最令我欣然的是我室内的一株橡皮树，原以为它已经奄奄一息，大叶子像猪耳朵似地耷拉下来。我把它放到窗前晒太阳，隔天浇水，它的叶子一片片都撑了起来，顶上忽然冒出一个花苞似的尖端，一天天看它肥大、展开，原来是一片比广东翠还透明、还绿的嫩叶，然后保护它的一层外皮脱落了，真像母亲孕育胎儿，那么辛苦，却那么神奇。我只有赞叹，只有感谢。在它边上一株

小小的海棠，也默默地绽放出一朵红花，夹在缎子似的绿叶之间，像含羞的少女，不敢露面。我快乐得跳起来，立刻打电话告诉送海棠给我的朋友。她说，它还会开得更热闹，因为海棠喜欢晒太阳。果然它愈开愈盛。橡皮树的叶子也一片接一片，愈冒愈多。现在邻家院子里，已经是万紫千红都过了，我室内花木，却正是早春时节。小小龙须竹和翡翠涟漪，绿波摇曳在整间屋子里，这间半地下室的石室变成绿屋了，也许正由于石室温度低，比外面阴凉好多，所以春来得慢，而且逗留着不走，我竟赶上第三个春了。

杜甫悲叹"花开有底急，老去愿春迟。"这位坎坷的诗人，总是往悲苦里吟。其实人不必强留春住，一生中能欣赏多少个春天，也许是有定数的。像我能一下子享受到三个春天，更何况还更有壮美的秋冬在后面，便是老去也无遗憾了。

捡来岁月

据说印度人的信仰认为，人一出世，他一生的心跳次数、呼吸次数，都已经注定了。若真是如此的话，那么想延长寿命，就只有延长呼吸的时间，使心跳脉搏都放慢。慢慢地吸气、慢慢地吐气，把每一次的呼吸，由几秒钟延长到十几秒钟，寿命的总和就增加数倍了。

我有一位老乡，对养气颇有功夫，他无论行坐动静，谈天饮食，都很自然地使呼吸放慢到每半分钟一次。看他瘦骨嶙峋，却是精力充沛、目光炯炯有神。与人相处，从不争长论短。平居闲适，喜欢作些打油诗遣兴。他自嘲是"熬油诗"，因为他说肚子里没有文采，却像一片板油，得慢慢儿把油熬出来。在台时，他常寄诗给我欣赏，读来并无油腻味，倒有一股粗茶淡饭的清香味。这也许就得力于他慢呼吸功夫吧！

其实练功是一回事，养心养气是另一回事。若是性急如火，多忧多虑，一颗心安不下来，呼吸自然也慢不下来了。我自己就常常有此体认，深知要放慢呼吸，从容不迫，并不是件容易的事，但只求勉力为之。

相传曹操也想祈求长生，他去访陇西深山中一位号"青牛道士"的高人，请教养生之诀。青牛道士的回答是："体须常劳，食须常少，减思虑，捐喜怒，除驱逐……"单是"减思虑、除驱逐"六个字，这位想统一天下，雄心勃勃的曹操，就自叹办不到。

所以会有"譬如朝露，去日苦多""忧从中来，不可断绝"之叹。

其实青牛道士的话，听来原是很平易的，实行起来，却是太难。曹操做不到，常人又能有几个做得到呢？

生在这个匆忙的现代，好像每个人都在跟时间赛跑，而总是输给了时间。叹息着"一天又完了，好多事都来不及做。"其实即使一天有四十八小时，也还是来不及做。我每天一早醒来，总是想着今天又有多少事要做，生怕来不及，心理负担就不由得加重。却何不想想昨天已做完了几件，前天已做完了几件，而引以为慰。外子常笑我"读的一些诗书都沉到水缸底去了。即使沉到水缸底，化为污泥，应当开出朵朵莲花来呀！"这是他有修养人的风凉话，我自叹弗如。

最近，我倒忽然逍遥起来了，只因今年是闰年，国历和农历的新年相距有整整两个月。在这一段"时差"中，一片"快乐耶诞""快乐新年"的道贺声中，我就悠哉游哉地放慢了节拍，等待着那个属于童年的，亲切温馨的农历年。好像这两个月是多出来的，白白捡来的。我的生命也好像延长了两个月，可以慢慢享受。

吴稚晖先生幽默地说自己的一生是"偷来人生"，其实这位大儒、大学问家，才是真正把握分秒时刻，阐扬了生命意义与光辉的。我这个庸人，却要在"时差"夹缝中偷懒，不是急急忙忙，就是晃晃悠悠。待农历新年一过，国历已是二月中旬，我又该着急一年已去掉六分之一了。

我人常在大除夕时感叹："一岁所余只此夕，明朝又是百年身。"虽叹息一年已过，总觉还有明天、明年，其实谁也不知道自己能有几个明天，几个明年。

如此一想，还是放慢节拍的好。想想一把琴的琴弦如果不拉紧至恰到好处，就奏不出美好的音乐来。但拉得太紧了，就会绷断。我根本不是个能奏得出美妙音乐的人，倒不如勉力把心弦放松，在注定了的呼吸次数与心跳次数中，把节拍放慢，时间延长，虽不能享受"捡来人生"，却无妨把所有余年，视作是"捡来岁月"吧！

读禅话偶感

　　星云法师禅话《出去》短文中记黄龙惠南禅师命学僧从左边走过来，学僧正要走时，禅师就斥他"随声逐色"，要他出去。他又命另一学僧从右边走过来，学僧站在原处不动，禅师又斥他不听话，要他出去。

　　真个是左不是来右不是。所谓的禅，大概就是要你在"无一是处"中去参。参透了就算顿悟，参不透的就一生苦恼，哪来的缘分能见性成佛呢？

　　像我这样无慧根之辈，这一生就是注定苦恼，悟不了禅理。读这篇短文，所以也只有"感"而无"悟"。

　　感的是想起幼年之时，每顿吃饭都坐在父亲旁边。父亲身旁坐的是二妈，总在另一边用一双令人不寒而栗的眼睛向我扫来。我不敢看她，只顾低头扒饭。有一次不知怎么竟大胆地伸筷子夹了正前面碗里的一块红烧肉。二妈马上厉声说："摆在你前面的，就是给你吃的吗？"我气愤地把肉丢在桌面上，最后只好老远地去夹青菜。二妈又大声说："难道每一样菜你都要吃到吗？"

　　我陡地放下筷子，抽抽咽咽哭回屋里，却见母亲坐在妆台前抹眼泪。我忽然不哭了，拉着母亲的手说："二妈总是左不是、右不是。妈妈，我们一同到庵堂做尼姑去吧！"于是母女抱头痛哭。

　　这段情况，至今已六十多年，却总是刻骨铭心，时时想起。现在想想，我那位二妈，也仿佛是开示我的禅师，她左不是右不是地打着哑谜，无非要我悟一个道理，那就是"饿"字。可怜我小小年纪，那里懂得？只气愤地要与母亲一同去出家。难道已体认到尘世凡俗，原是苦海无边吗？

读大学时的夏承焘恩师，有时在课余也讲点禅的故事给我们听。他别号瞿禅，我们在听他讲禅故事时就称他"禅师"。他虽认为"禅""不可说、不可说"，但仍常常深入浅出地与我们说禅理，要我们在日常生活中去体认，自自然然，不必强求，不必强解。

他看我时常愁苦地紧锁眉头，就作了一首诗赠我："莫学深颦与浅颦，风光一日一回新。禅机拈出凭君会，未有花时已是春。"好一个"未有花时已是春"，若能悟得此中妙理，便可化烦恼为菩提了。

另一位同学毕业后因婚姻不如意，常回来泪眼滂沱地向瞿师倾诉，他就赠她《杨柳枝词》一阕云："垂垂雨雪一春愁，历历楼台阅劫休。拼向高空舞浓絮，春风哀怨莫回头。"

这也就是"白首忘机"的苏东坡所说的"归去，也无风雨也无晴"的境界吧。

话是这么说，能忘机谈何容易，东坡若真个忘机，就不会有"十年生死两茫茫"的悲叹。对朝云、琴操二人，也不致依依难舍。他只有对美丽的李琪，才是"海棠虽好不题诗"，算是"不着一字，尽得风流"。

"禅"虽是"不立文字，直指人心"，但这颗心必须是多愁善感之心，才能从愁感中去领悟。佛的大慈大悲之心，就是最最善感的灵心，才能以自身之苦，推悯众生之苦，而发下"我不入地狱，谁入地狱"，超度众生的宏愿。

对众生都怀无边情怀，何况对人呢？

我现在写这篇小文时，回想当时战战兢兢坐在父亲身边，二妈一对眼睛盯着我吃饭的情景，心中不再有悲，更不再有恨。而是对逝世多年的二妈的无限怜悯。她一生不曾与人以快乐，她自身又何尝一日有快乐，我与她相处数十年，无论是苦是乐，照佛家说，也总是一段因缘。而无论是缘深缘浅，缘起缘灭，都成过去。真个如僧庐听雨，"悲欢离合总无情，一任阶前点滴到天明"啊！

守着蚂蚁

由于我的寓所是靠边的，多两扇窗户，冬天可以享受充分的阳光，节省暖气。夏天可以迎接凉风，节省冷气。唯一的缺点是，天气一转暖，蚂蚁就从稀疏的墙脚缝中成群结队而入。它们目的是寻找粮食，而厨房的地面，任你如何小心打扫，总是粮食最丰富的地方。于是入夏以来，我每天最忙的工作，就是蹲在地上，守着蚂蚁，耐心地等待它们把"大堆"的美味，顺利又安全地搬离现场以后，才用湿布擦净地板，用一条胶纸贴住裂缝，阻止它们再光临。可是蚂蚁"人"小鬼大，它就是无缝不钻，无孔不入，你封住了东边，它们就从西边进来。封住了墙脚，它们就从窗棂缝中进来。害得我整天手忙脚乱，疲于奔命。

但是守着蚂蚁搬运粮食，也自有一分乐趣。它们规律之严，工作之负责，无与伦比。看它们小小身躯，常常独力负荷一粒比自身大一倍的东西，快速地向洞口爬行，绝不停下来先大快朵颐一番。它们的忠勤、无私与合作精神，真个是远胜人类。有时遇上敌方的探索先锋，它们就起了拉锯战。如两个抵一个，那一个知道众寡不敌只好放弃。我看了不忍，就特地放一粒饼干屑在它面前，它就喜出望外地衔着走了，我也为它的不致徒劳无功而高兴。

有时看它们已搬运到墙脚的洞口，所谓洞口，只不过是一条细细的缝隙，一大群的蚂蚁，扛着一粒在它们看来如山般高的粮

食，左推右拉的，总是挤不进缝隙。我看得白着急，又无法助一臂之力。忽然想起，用一根铁丝，将那缝隙的碎石灰划开一些，洞门大开，它们就顺利进入了。也不知它们在墙脚那边的大宅院是个什么样子，我真想能像孙悟空似的，摇身一变也成一只蚂蚁，混进洞去，看个究竟。它们如发现我这个生客，要驱逐我出境的，我就会告诉它们，通道是我给挖大的，蚂蚁王定将与我握手为礼吧！

我呆呆地守着，痴痴地想着，蚂蚁却是阵来阵往的没完没了，不耐烦的老伴，竟然一手举扫把，一手捧杀虫药喷筒，正打算展开大屠杀，我不由得一阵紧张，立予阻止，这倒也是对他实行"机会教育"的好时光了。

"千万别这么做，"我央求道："你把它们一扫把扫得阵容大乱，彷徨无所归已经够凄惨，若再喷以毒药实在太残忍了。想想看我在切洋葱时，气味熏得我涕泪交流，你都感到很过意不去。若是漫天毒雾向我们没头没脸地扑来，使我们窒息，抽筋而死，那将是多么的痛苦？小小昆虫，只不过不会说话，它不是一样的有感觉、有苦乐，一样的知道趋生避死，为生存而奋斗吗？"

这一番浅近的道理，他哪有不知之理？他也明明不是性好残杀之人，只不过没有这份"妇孺之仁"，守着蚂蚁的耐心就是了。所以还没等我继续"说教"呢，他就先念起我常常对他念的那首诗来："莫道群生性命微，一般骨肉一般皮，劝君莫射枝头鸟，儿在巢中望母归。"但他却发表意见说："鸟儿在空中飞翔，有它们的自由，它又不侵犯到我们什么，实在不应该举枪射杀它，使巢中小雏成了孤儿，必定饿死无疑。如今这一群群的蚂蚁是侵犯到我们家来，扰乱我们的生活，也妨害了卫生，怎么能予以容忍呢？"

　　我叹口气说："你何尝不知道，所谓侵犯是我们人类的想法，我们不一样地在侵犯它们吗？它们哪里知道这是自私的人类画为自己的禁地呢？它有觅食的自由，生存的权利。即使不以佛家慈悲为怀的心情来看，而从一切生灵平等的观念来说，我们也没残杀它的权利啊！"

　　他放下扫把，丢弃杀虫药喷筒说："好啦，我接受你苦口婆心的布道，现在就改用迷你吸尘器，把它们吸净，再捧到门外，取出里面的纸袋抖掉，不就免于杀生之罪了吗？"我说："那也不行，它们被一阵狂飙卷刮得昏天黑地，落地后何处再觅家园？"他笑笑说："你放心，它们三三两两的可以再聚集起来，重建家园，蚂蚁不是最合群的吗？"尽管他这么说，我还是不放心，宁可用一张硬纸，把几只像是失群或倦游不知归的蚂蚁，轻轻揽在纸面上，送到门外香柏树下的泥地里，也顾不得它们是否会成迷途的"羔羊"，至少它们得免于大风暴的卷刮，保持神志清明，可以继续挣扎求生，我也心较安了。

　　如此来回进出无数趟，总算把散兵游勇的蚂蚁全部送走。又目送那整队的撤离现场，完成运粮工作，我这才心安理得地坐下来休息。看他用胶液仔细地封闭墙脚缝隙，表示给它们吃闭门羹。正在此时，却见地上的迷你吸尘器口，几只蚂蚁惶惶然地爬了出来，我惊奇地问怎么这里面会有蚂蚁，他笑道："不瞒你说，我昨天看见好几只蚂蚁，一时找不到杀虫剂，就先用吸尘器吸了，却又忘了清除，你看它们不是又活生生地爬出来了吗？可见得吸尘器的风，不会把它们吹昏头，它们的生命力很强，力气也很大。你可知道，世界上力气最大的动物是蚂蚁，它能背负比自己身体重好几倍的东西，你能吗？"

　　他云淡风轻的神情，使我又好笑、又好气。却庆幸于他没找

到杀虫剂喷筒，使这群蚂蚁得以死里逃生。我只好再起身用硬纸把它们一只只轻轻兜着送出门外，并跑到地下室将杀虫剂找出，远远送到屋外垃圾箱丢弃，以杜绝他喷杀的念头。

回到屋里，喘息未定，又看见一只蚂蚁在窗台上冉冉地悠游。看来我这守着蚂蚁的送迎工作，将是永无止境。但想到能因此细体佛家"与众生同乐，使众生免苦"的慈悲意义，便深感欣慰了。

小鸟离巢

邻居房子的侧面木板墙，正对着我餐室的窗户。木板墙上有个小小的洞，每年春天以后，总有好多只麻雀飞来，从那洞里进进出出、叽叽喳喳的，似商量又似争吵，显然它们是在木板墙的夹缝中做窝。想来那里面的天地一定相当开阔，筑巢其中，倒是风雨不动安如山呢。

屋主人经过墙外的走道，从不抬头望一眼，对于鸟儿们的聒噪，也充耳不闻。坐在餐室里的我，却是常常望得出神，对邻居的"有凤来仪"，甚是羡慕。也盼望有鸟儿能来我窗外的香柏树上做窝孵小鸟，让我沾点喜气。

盼望竟然没有落空。有一天，一对肚子呈金黄色的漂亮鸟儿，飞来停在我窗外的栏杆上，软语商量了好半天，看中了那株香柏树，就在上面筑起巢来，我真是大喜过望。香柏树离窗子不到五呎，它的枝丫是一层一层有规则地向上生长的。这对鸟夫妻，聪明地选择了最最隐秘、不高不低的第二层。左边是栏杆，可供它们飞来时歇脚，右边另有一株较高大的树，藏密的浓荫覆盖，道路上来往的车辆行人，不会打扰到它们。真正可以说是良禽择木而栖。

我只要有空，就坐在窗前看它们工作。母鸟时常停在栏杆上休息，大部分是公鸟任重道远地，不知从哪儿衔来像藤蔓似的长草，在两个枝丫之间，先搭起栋梁，然后再衔来深褐色的细枝，

纵横编织，很快地就把一个窝筑好了。因为离树很近，我可以平视桠杈，直窥堂奥。看那窝的细密精致，真是巧夺天工。我第一次亲眼看鸟儿衔枝筑巢，以至吉屋落成，内心那一份喜悦，无可名状。同时也体会到童年时代，双亲晓谕我们，不可破坏鸟巢的深意。

　　一对鸟夫妻，飞来时总在栏杆上停留下来，观察四周，侧耳倾听一番，然后飞到窝里休息片刻，又从另一面的树荫下飞出去。进出的方向有定，一丝不乱。它们对于自己辛苦经营的房屋，似颇踌躇满志。对我这个守着窗儿，与它们相看两不厌的人，也颇表欢迎。我偶然开门走出去，靠近栏杆，它们也并不飞走，但对我撒在栏杆上款待它们的南瓜子仁，却毫无兴趣，可见它们并不是因为食物才亲近我，而是因为对我由衷的信任。

　　有一天，看见母鸟从窝里出来，停在栏杆上东张西望，我一看巢里已经有三枚小小的蛋，碧绿如翡翠。原来公鸟急急筑窝，是为了妻子即将生产。它一会儿飞回来，衔了一条虫喂给爱妻，给她产后进补，其体贴负责，令人感动。

　　从此以后，母鸟大部分时间都在窝里孵蛋。公鸟偶然飞回来，站在窝边，母鸟立刻就飞走，大概是出去舒畅一下筋骨吧！它们的分工密切配合。

　　如是者约莫半个月（可惜我没有记录时间），三只小鸟孵出来了。

　　我看见三个大头，摇摇晃晃的，伸着细长的脖子，闭着眼睛，黄黄的嘴巴张得像三个漏斗一般，等待父母喂它们，真正是嗷嗷待哺的黄口小儿。它们吃饱了就挤在一堆睡觉，一听父母羽翼在空中振动的声音，自远而近，三张嘴巴就马上张得大大的，等待美味落入口中。轻风吹来，它们头上纤细的绒毛，微微飘动，煞

是可爱。令人惊叹的是父母亲喂三个儿女，都非常平均。食物的
分量，也是逐渐增加的。起初是细细小小的一条条小虫，渐渐地
衔来较大的不知是什么山珍海味，反正小雏吃得愈来愈壮健了。

如遇天气一有变化，母鸟就立刻飞回蹲在窝中，张开翅膀覆
盖小鸟。有一次，大雨倾盆，香柏树东摇西摆，我好担心窝会被
吹落，禁不住连声念佛，保佑它们平安无事。不一会，雨过天晴，
母鸟飞到栏杆上，拍拍翅膀，抖落了全身雨水，一边侧头向我看，
仿佛告诉我："你放心好了。任何狂风暴雨，我都能适应，因为我
们是从风雨阴晴、瞬息万变的气候中长大的。"此时，窝中小雏，
又在伸长脖子，向母亲讨吃的了。

这一段辛苦的哺喂抚育过程，我在窗前看得清清楚楚，正和
电视荧光幕上的特写镜头，一般无二。

小雏渐渐长大了，头上白白纤细的胎毛逐渐脱去，浑身羽毛
丰满起来。母鸟不在时，它们争着站起来，张开小小的翅膀，拍
拍身子，或是你踩我、我踩你，彼此顽皮地对啄着。看来，巢已
经显得太小了，母亲回来时，就站在边上爱怜地看着儿女，不时
啄啄它们的头，梳理一下它们的羽毛。此时，公鸟的喂食，愈来
愈勤，因为孩子们的食量增加了。有趣的是公鸟一到与母鸟打个
照面，母鸟就马上飞走，它们的合作劳逸均匀，看来自有默契。

一只比较强壮的小鸟，忽然跳出窝来，站在窝边的树枝上，
有点摇摇晃晃。另外两个较胆小的弟妹撑起脖子愣愣地望着哥哥
（我想也一定是哥哥吧，因为它体形较大，颜色极像它的父亲）。
这时，母亲回来了，向它头上一啄，它马上跳回窝里。不听话，
挨骂了。

可是儿女们长大了，究竟是留不住的，尽管父母亲轮流地继
续喂它们、守着它们，它们却时时刻刻地振翅欲飞。这一天，我

真是茶饭无心，一刻也不愿离开窗口，心情却十分沉重。因为才半天时间，三只小鸟都先后跳出窝，停在旁边大树的枝叶浓密之处了。我费了好多时间才发现它们。它们定定地站着，似在观察周围的环境，对自己出生长大的窝却似一无留恋。母鸟停在栏杆上，喉中发出咕咕咕的声音，是对离巢儿女的反复叮咛吧！它一定是说："今后海阔天空，父母手足都不再相逢，不再相认，一切都要你自己小心啊！"我自恨没有公冶长的本领，能通鸟语。但骨肉分离的悲苦，凡是动物，何能有异呢？

才转瞬间，三只小鸟都倏然而逝，飞得无影无踪了。我亦怅然如有所失。抬头看它们的父母，正双双停在对面屋脊上。是在目送高飞远走，不复返顾的儿女呢？还是在俯望空空的旧巢，夫妻相互慰藉呢？

从此它们没有再回来，窗外一月多来欣欣向荣的热闹，顿归寂静。而我呢？眼看它们辛苦筑巢孵蛋、辛苦抚育儿女长大，终至离巢而去。心中的怅惘，有如亲身经历了一场人世的离合悲欢。

一阵风雨，空巢终被吹落在泥土里。外子怜惜地把它捡进来，收在一个纸匣里，叹息地说："留作纪念吧！"